企业高级法律顾问实务操作系列

物业公司
合规管理与风险防控全书

张思星 / 主编

李　坤　李亚宁 / 副主编

WUYE GONGSI

HEGUI GUANLI YU FENGXIAN FANGKONG QUANSHU

中国法制出版社

CHINA LEGAL PUBLISHING HOUSE

编委会

主　编

张思星　北京九稳律师事务所创始人

副主编

李　坤　北京九稳律师事务所创始合伙人
李亚宁　北京九稳律师事务所管委会委员

编委会成员

张思星　**李　坤**　**李亚宁**　**包红英**
王剑超　**张冠楠**　**张俊云**　**张学石**

顾　问

王雨龙　北京市朝阳区物业管理协会会长
罗　周　北京市海淀区物业管理协会会长
赖艳阳　北京市石景山区物业管理协会会长
仇维正　北京市大兴区物业管理协会会长
阮国会　北京市怀柔区物业管理协会会长

前　言

随着我国城市化进程的不断加深加快，物业管理服务行业的发展日新月异，物业服务也越来越被人们所重视。2021年1月1日起施行的《民法典》首次将"物业服务合同"列入合同编，物业服务合同由以前的"无名合同"，正式转变为"有名合同"。由此可见物业服务的重要性。物业管理与服务已经走进千家万户，与千千万万的你我他息息相关。而随着业主群体素质的不断提高，大家对物业管理服务的质量要求也越来越高。物业服务人不仅要为业主提供一个健康、舒适、便利、安全的居家环境，还要提供高质量的服务，特别是要做到依法管理、依法服务，才能提升广大业主对物业服务人的整体满意度。

一般来说，物业服务质量的好坏往往取决于物业服务人员服务质量的好坏。物业服务人员办事越到位，业主的感受就会越好。我们这里所说的"到位"，体现为物业服务人员对业主的关怀、勤恳、负责。那如何做到这些呢？最重要的就是物业服务人员对于自己工作要有准确定位，要明确物业管理服务工作是什么，怎么做才算合理、合法、合规。在生活中，很多不合法不合规的事情都会暗藏风险，如果在物业管理的过程中，依法办事，依规管理，依约服务，就会省去很多麻烦，也会避免很多风险。由此可见，对于物业服务人员来说，学习和掌握一些关于物业管理方面的法律法规，对于防控风险的发生，具有十分重要的意义。

总的来说，关于物业服务管理方面的法律还是不少的，除了前面提到的《民法典》之外，还有《物业管理条例》《物业服务收费管理办法》等。在此，我们为了使大家充分了解物业管理相关法律常识，防范各种法律风险，特意编写了《物业公司合规管理与风险防控全书》。在本书中，我们介绍了物业服务合同、前期物业管理、物业费、小区内的各项管理工作、人事管理，以及侵权责任与解决方法等，从物业管理服务工作中可能涉及的方方面面来谈如何依法办事，从而避免法律风险的发生。

为了让没有法律基础的读者朋友们能真真切切地学到法律知识，我们在书中采用了案例分析的形式，一题一案，一事一议，让大家在阅读的过程中身临其境，学到如何在物业工作中运用法律，从而规范服务与管理。

此外，我们的案例大多选自现实生活中真实发生的事件，对从事物业管理服务的人员来说，一定不陌生。在每个案例分析的末尾处，我们都特别编写了"律师忠告"这样一个贴心的小板块。希望借此让大家进一步明确什么该做、什么不该做以及做什么更有意义和价值。

由于时间和编写人员水平的限制，书中难免有一些不妥与不尽之处，希望大家多多给予批评指正！

本书编委会

2022 年 10 月

目　录

第四章 物业管理服务与设施维护

第五章　小区公共部分管理

第六章　装修与违章搭建管理

第七章　物业安保管理

第八章　物业管理范围内的财产损害

第九章　物业管理范围内的人身伤害

第十章　业主组织及业主的权利义务

第十一章　物业管理从业人员管理

第一章　物业服务合同

1. 物业公司作出的公开承诺可以作为物业服务合同的组成部分吗？

某小区的物业公司在本小区门卫处张贴了一张公告，上面写着："家中管道出现问题时，可与物业联系，物业将在 24 小时内派专业维修人员上门提供免费维修服务。"某个周末，本小区的业主薛女士独自在家时，家中的下水管出现破裂。薛女士想到物业张贴的公告，便给物业打电话要求上门维修。没想到，物业的工作人员却表示，专业维修人员周末都不上班，无法进行上门服务。薛女士提到了门口的公告，质疑物业公司的服务。工作人员表示，上门维修服务不在物业服务合同的约定之中，物业公司没有义务提供 24 小时内专业上门免费维修服务，物业公司之前张贴的公告内容只是为方便大家的生活提供的临时服务而已，解释权属于物业公司。那么，物业公司作出的公开承诺是否可以作为物业服务合同的内容呢？

法律解析

根据《民法典》第九百三十七条第一款的规定，物业服务合同是指物业服务人在物业服务区域内，为业主提供建筑物及其附属设施的维修养护、环境卫生和相关秩序的管理维护等物业服务，业主支付物业费的合同。也就是说，物业服务合同的主要内容就是物业服务人与业主之间的权利义务关系，物业服务人负有向业主提供服务的义务，业主负有向物业服务人支付报酬的义务。

根据《民法典》第九百三十八条第一款的规定，物业服务合同的内容一般包括服务事项、服务质量、服务费用的标准和收取办法、维修资金的使用、服务用房的管理和使用、服务期限、服务交接等条款。物业服务人只需根据合同约定的内容履行自己的义务即可。但是根据该条第二款的规定，除物业服务合同中明文规定的服务事项外，物业服务人公开作出的有利于业主的服务承诺，为物业服务合同的组成部分。也就是说，除物业服务合同明文约定的内容外，如果物业公司以一定的公开方式向业主作出了有利于业主的服务承诺，物业公司也需要按照承诺履行义务，否则就构成了违约行为。

上面的案例中，该小区物业在门卫处公开张贴公告，承诺为业主提供24小时内专业上门免费维修服务。其承诺符合法律规定的"公开"和"有利于业主"的限定条件，该承诺就已经成为物业服务合同的一部分，物业有义务按约履行。该物业工作人员的解释不符合法律规定，其应当为薛女士提供及时的上门免费维修服务。

法条链接

《中华人民共和国民法典》

第九百三十七条第一款 物业服务合同是物业服务人在物业服务区域内，为业主提供建筑物及其附属设施的维修养护、环境卫生和相关秩序的管理维护等物业服务，业主支付物业费的合同。

第九百三十八条第一款、第二款 物业服务合同的内容一般包括服务事项、服务质量、服务费用的标准和收取办法、维修资金的使用、服务用房的管理和使用、服务期限、服务交接等条款。

物业服务人公开作出的有利于业主的服务承诺,为物业服务合同的组成部分。

律师忠告

　　物业服务人作出的承诺，如果包含两个要点，即"公开"和"有利于业主"，那么就应当把该承诺作为物业服务合同的内容予以履行。

2. 在物业合同终止后，原物业服务人负有哪些义务？

案例在线

　　A物业服务公司与B小区签订的物业服务合同即将在一周后到期，B小区业主委员会正准备选聘新的物业服务公司。由于业主们一直无法达成一致意见，一周过后，依然没能选出新的物业服务公司。A物业服务公司见合同已经到期，自认为无须继续服务该小区，便将相关资料交还给业主委员会，尚未完成交接工作就直接退出了B小区。A物业服务公司离开后，新的物业公司还没选出，小区里没有了物业服务，业主们叫苦不迭，纷纷埋怨A物业服务公司服务不周到。那么，A物业服务公司的做法合法吗？在物业合同终止后，原来的物业服务人又负有哪些义务呢？

法律解析

　　物业服务合同终止后，物业服务人与业主之间的权利义务关系并不是当即解除，物业服务人依然需要对业主承担一定的义务。根据《民法典》第九百四十九条和第九百五十条的规定，物业服务合同终止的，原物业服务人应当在约定期限或者合理期限内退出物业服务区域，将物业服务用房、相关设施、物业服务所必需的相关资料等交还给业主委员会、决定自行管理的业主或者其指定的人，配合新物业服务人做好交接工作，并如实告知物业的使用和管理状况。在没有人提供物业服务之前，原物业服务人应当继续处理物业服务事项，并可以请求业主支付该期间的物业费。

从这两条规定可以看出，在物业服务合同终止后，原物业服务人承担的主要是工作交接和短期后续物业服务方面的义务。这样既便于物业管理，也可以提高其业界口碑。当然，对于在合同终止后为业主提供的后续服务，原物业服务人也有权要求业主支付相应的物业费。

在上面的案例中，A物业服务公司在物业合同终止后直接离开了B小区，并未进行相应的交接工作，在B小区由新的物业公司接手前，没有提供一定的后期服务。依据法律的规定，A物业服务公司的做法是不合法的。A物业服务公司不仅应该将相关资料交还给业主委员会，还应该配合新的物业服务人做好相关的交接工作，并如实告知物业的使用和管理状况；其不能在新的物业服务人接手前，就直接退出物业管理工作。如果因此给小区业主带来损失，A物业服务公司还要承担赔偿责任。

法条链接

《中华人民共和国民法典》

第九百四十九条 物业服务合同终止的，原物业服务人应当在约定期限或者合理期限内退出物业服务区域，将物业服务用房、相关设施、物业服务所必需的相关资料等交还给业主委员会、决定自行管理的业主或者其指定的人，配合新物业服务人做好交接工作，并如实告知物业的使用和管理状况。

原物业服务人违反前款规定的，不得请求业主支付物业服务合同终止后的物业费；造成业主损失的，应当赔偿损失。

第九百五十条 物业服务合同终止后，在业主或者业主大会选聘的新物业服务人或者决定自行管理的业主接管之前，原物业服务人应当继续处理物业服务事项，并可以请求业主支付该期间的物业费。

律师忠告

在物业服务合同终止后，虽然物业服务人有权退出物业服务区域，但也应当完成法律规定的后续义务，否则可能要承担不利的法律后果。这种后续义务不仅是物业现实工作的需要，也是契约精神的要求，相关物业服务人员应该谨慎对待。

3. 业主在房屋上为他人设立居住权的，物业有知情权吗？

案例在线

吕先生一年前在花园小区购买了一套房屋，但只居住了半年左右就搬走了。今年年初，吕先生的一个远房亲戚小范大学毕业，到吕先生所在的城市找工作。吕先生觉得刚毕业的大学生挣钱不容易，正好他有套房子空着，便在自己的房子上为小范设立了为期三年的居住权。居住权设立后，妻子提醒吕先生将此事告知物业。但是吕先生却想，他又不是把房子租出去了，只是让自己家亲戚来住，没必要告诉物业。那么，对于业主在房屋上为他人设立居住权的，物业是否具有知情权呢？

法律解析

根据《民法典》第九百四十五条第二款的规定，业主转让、出租物业专有部分、设立居住权或者依法改变共有部分用途的，应当及时将相关情况告知物业服务人。根据此条规定可知，对于以下四种情形，业主需要对物业履行告知义务：第一，业主转让物业专有部分；第二，业主出租物业专有部分；第三，业主在房产上设立居住权；第四，业主依法改变共有部分用途。业主履行告知义务其实可以更好地维护自己房产的合法权益，便于物业进行管理和维护。

在上面的案例中，吕先生误以为只有出租房屋时才需要将情况告知物业，为亲戚设立居住权就不必告知物业的想法是错误的。无论是对房产进行买卖、出租还是设立居住权，本质上都是对房产的处分行为，物业对此具有法定的知情权。吕先生也应当依据法律的规定，依法履行自己的法定义务。

法条链接

《中华人民共和国民法典》

第九百四十五条第二款 业主转让、出租物业专有部分、设立居住权或者依法改变共有部分用途的，应当及时将相关情况告知物业服务人。

律师忠告

业主向物业履行告知义务，这不仅仅是法律的强制性要求，更是为了方便物业公司为业主提供更好的服务，有利于物业公司更好地展开管理服务工作。现实生活中，可能很多业主不知道自己负有告知的义务，因此，需要物业服务人在工作中多加宣传，如利用小区告示、业主微信群等对业主进行该项义务的普及，以便让业主能够积极配合物业管理工作。

4. 物业公司可以将全部物业服务转委托给他人吗？

案例在线

甲物业公司与幸福小区签订了为期三年的物业服务合同。一年来，甲物业公司的经济效益越来越差，人员不断缩减。为了节约员工的工资成本，甲物业公司决定进行裁员，只留下必要的行政人员，其他部门全部解散。公司裁员后，甲物业公司无法再像之前那样为幸福小区提供全方位服务。为了解决这一问题，甲物业公司便在没有通知业主的情况下，将全部物业服务转委托给了乙公司。几个月后，有业主发现小区的物业服务越来越差，找负责人反映问题时，负责人也推三阻四。业主委员会与甲物业公司进行了沟通，这才发现甲物业公司转委托的事实。那么，甲物业公司的行为是否合法呢？

法律解析

依据《民法典》第九百四十一条的规定，物业并非绝对不能将服务事项委托给其他公司，但是只能将部分专项服务事项委托给专业性服务组织或其他第三人，并且物业服务人还应当就该部分专项服务事项向业主负责。同时，本条规定明确禁止物业服务人将其应当提供的全部物业服务转委托给第三人，无论是整体转委托还是支解后再分别转委托给第三人，都是为法律所不允许的。

在上面的案例中，甲物业公司将全部物业服务转委托给乙公司，其行为已经违反了法律的规定。依据《物业管理条例》第五十九条的规定，应当由县级以上地方人民政府房地产行政主管部门责令限期改正，处委托合同价款30%以上50%以下的罚款。委托所得收益，用于物业管理区域内物业共用部位、共用设施设备的维修、养护，剩余部分按照业主大会的决定使用；给业主造成损失的，依法承担赔偿责任。由此可见，甲物业公司的行为不但违反了法律的禁止性规定，还将使自己处于损失赔偿的风险，得不偿失。

法条链接

《中华人民共和国民法典》

第九百四十一条　物业服务人将物业服务区域内的部分专项服务事项委托给专业性服务组织或者其他第三人的，应当就该部分专项服务事项向业主负责。

物业服务人不得将其应当提供的全部物业服务转委托给第三人，或者将全部物业服务支解后分别转委托给第三人。

《物业管理条例》

第五十九条　违反本条例的规定，物业服务企业将一个物业管理区域内的全部物业管理一并委托给他人的，由县级以上地方人民政府房地产行政主管部门责令限期改正，处委托合同价款30%以上50%以下的罚款。委托所得收益，用于物业管理区域内物业共用部位、共用设施设备的维修、养护，剩余部分按照业主大会的决定使用；给业主造成损失的，依法承担赔偿责任。

律师忠告

物业公司作为专业的物业服务人，应当依法履行自己的职责，就提供的服务对全部业主负责。将全部业务进行转委托，不免有逃避职责之嫌，既不符合物业服务合同的约定，也违反了法律的规定。

5. 物业服务合同到期后继续履行的，物业有权随时解除合同吗？

案例在线

两年前，大华物业公司与甲小区签订了为期两年的物业服务合同。一个月前，该物业服务合同期限届满，但业主委员会并未对大华物业公司进行续聘，也未另聘其他物业服务人，依然由大华物业公司继续为甲小区提供物业服务。由于最近行情发生了变化，大华物业公司想要提高物业费用，但是甲小区的大部分业主都对提高物业费持反对态度。正在双方争执不下之际，大华物业公司与乙小区进行了洽谈，乙小区表示愿意按照涨价后的物业费与大华物业公司签订物业服务合同。于是，大华物业公司便想要解除与甲小区的物业服务合同。那么，大华物业公司有权提出解除合同的要求吗？

法律解析

《民法典》第九百四十八条规定，物业服务期限届满后，业主没有依法作出续聘或者另聘物业服务人的决定，物业服务人继续提供物业服务的，原物业服务合同继续有效，但是服务期限为不定期。当事人可以随时解除不定期物业服务合同，但是应当提前六十日书面通知对方。从这条规定中可以看出，物业服务合同到期后双方继续履行的，原物业服务合同不丧失效力，而是转变为不定期合同。在这种情况下，无论是业主还是物业服务人，都可以在提前六十日书面通知对方的前提下，随时解除物业服务合同。

在上面的案例中，大华物业公司与甲小区签订的物业服务合同已经期满，但双方都没有作出明确的终止物业服务的表示，而是默认了继续之前物业服务的状态。此时，大华物业公司与甲小区之间的物业服务合同继续有效，但转变为不定期合同。在这种情况下，依据法律规定，大华物业公司作为合同的当事人之一，当然有随时解除合同的权利，但应当在解除合同前提前六十日以书面形式通知甲小区的业主。

法条链接

《中华人民共和国民法典》

第九百四十八条 物业服务期限届满后，业主没有依法作出续聘或者另聘物业服务人的决定，物业服务人继续提供物业服务的，原物业服务合同继续有效，但是服务期限为不定期。

当事人可以随时解除不定期物业服务合同，但是应当提前六十日书面通知对方。

律师忠告

物业服务合同期满后，因继续提供物业服务，业主继续接受物业服务的，物业服务合同转变为"不定期"的合同。这种情况在现实生活中并不鲜见。对于任何一方来讲，在解除该"不定期服务服务合同"之前，一定要注意提前六十日履行通知义务，同时注意使用"书面方式"通知才具有法律效力。

6. 物业公司要求入住业主必须签订物业管理协议后才能拿到钥匙，这合法吗？

案例在线

王某的儿子小王即将升入初中，为了儿子的前途着想，王某决定在位于某重点中学附近的未来小区内购买一套住房。与开发商签订房屋买卖合同并办理房屋登记手续后，王某从开发商处得知，他的房屋钥匙已经被交付给未来小区的物业公司，王某办理入住手续后可前往该物业公司领取房门钥匙。来到物业公司后，物业经理告诉王某，他必须先与物业公司签订物业管理协议后才能领取房门钥匙。王某对此十分不解，认为物业的做法不合理。但为了能够尽快入住新家，王某只能忍气吞声签订了物业管理协议。那么，本案中物业公司的做法是否符合法律的规定？

法律解析

根据《民法典》第二百四十条和第二百七十二条的规定，业主对其所有的不动产依法享有占有、使用、收益和处分的权利。当业主签订了房屋买卖合同并支付了购房款，且办理了不动产登记手续后，业主实际上就已经享有了对房屋的所有权。该所有权是绝对的，任何人不得侵犯。物业公司作为小区的管理者和服务者，并没有权利对业主所有权的行使横加干涉。以不交付房屋钥匙来变相强迫业主签订物业管理协议，不仅侵害了业主订立合同的自由意志，也侵害了业主的房屋所有权。

在上面的案例中，王某已经办理了房屋登记手续，其购买的房屋实际上已经归王某所有，物业公司只是代替开发商将本应属于王某的房屋钥匙交给王某，并没有权力在此过程中设置障碍。对于物业公司的行为，王某可以拒绝签订物业公司提供的协议，并直接要求开发商向其交付房屋钥匙。

法条链接

《中华人民共和国民法典》

第二百四十条　所有权人对自己的不动产或者动产，依法享有占有、使用、收益和处分的权利。

第二百七十二条 业主对其建筑物专有部分享有占有、使用、收益和处分的权利。业主行使权利不得危及建筑物的安全，不得损害其他业主的合法权益。

律师忠告

业主在取得房屋的所有权后，开发商将房屋钥匙交给物业公司，物业公司只能暂时对钥匙进行保管，该钥匙以及房屋的所有权始终属于业主。当业主对房屋及钥匙主张权利时，物业公司不得私自设障。像案例中物业公司的这种行为毫无法律依据，只会给其带来诉累，得不偿失。

第二章　前期物业管理

7. 对于业主而言，开发商订立的前期物业服务合同是否有约束力？

案例在线

高某一家搬进了新房子，由于高某所在小区的楼盘是新开发的地区，他们搬进去时住户还比较少，也没有与物业签订物业服务合同。高某搬进去不久后，小区的物业公司要求其交纳物业服务费。高某认为这是房地产公司与物业公司签订的前期物业服务合同，这类合同无法对业主产生任何约束力。所以，高某拒绝按照物业公司的要求交纳物业费用。而物业公司认为，即便是前期物业服务合同，业主也应当遵守。为此，双方发生纠纷。那么，对于业主而言，开发商订立的前期物业服务合同是否有约束力？

法律解析

前期物业服务合同，是指在小区业主大会和业主委员会成立前，由建设单位与其委托的物业服务企业就前期阶段双方间的权利义务所达成的协议。根据《物业管理条例》第二十一条的规定，在业主、业主大会选聘物业服务企业之前，建设单位选聘物业服务企业的，应当签订书面的前期物业服务合同。同时，该条例第二十五条规定，建设单位与物业买受人签订的买卖合同应当包含前期物业服务合同约定的内容。而《民法典》第九百三十九条明确规定，建设单位依法与物业服务人订立的前期物业服务合同，以及业主委员会与业主大会依法选聘的物业服务人订立的物业服务合同，对业主具有法律约束力。从上述规定可以看出，虽然业主既没有参加前期物业服务合同的订立，也不是合同当事人之一，但业主在签订商品房买卖合同时，已对前期物业服务合同进行了确认，因此其要受前期物业服务合同内容的约束。从业主签订商品房买卖合同之日起，物业服务公司就既要对建设单位负责，又要为业主提供物业服务。

在上面的案例中，物业服务公司的说法是正确的。高某已经购买了某房地产开发商的房子，则其就应受到前期物业服务合同的约束。

法条链接

《中华人民共和国民法典》

第九百三十九条 建设单位依法与物业服务人订立的前期物业服务合同，以及业主委员会与业主大会依法选聘的物业服务人订立的物业服务合同，对业主具有法律约束力。

《物业管理条例》

第二十一条 在业主、业主大会选聘物业服务企业之前，建设单位选聘物业服务企业的，应当签订书面的前期物业服务合同。

第二十五条 建设单位与物业买受人签订的买卖合同应当包含前期物业服务合同约定的内容。

律师忠告

建设单位和物业服务公司签订的前期物业服务合同不能存在损害业主合法利益的内容，否则业主在签订购房合同时可以要求修改合同内容。

8. 开发商是否可以委托自己的子公司担任前期物业服务公司？

案例在线

白云集团在某市开发了一个楼盘，房屋销售情况非常好。白云集团旗下除了房地产业务以外，还有一个子公司蓝天物业公司经营物业服务业务。在房屋开发建设的过程中，白云集团计划采用招投标的形式选择物业服务公司。然而，在招标的过程中，白云集团的子公司蓝天物业公司也参加了投标。经过各个公司之间的竞争，白云集团认为蓝天物业公司最符合他们的要求。因此，最后蓝天物业公司成为该小区的物业服务公司。可是，有的业主认为，蓝天物业公司不能成为该小区的前期物业服务公司。那么，开发商是否可以委托自己的子公司担任前期物业服务公司？

法律解析

关于前期物业服务公司的选任，《物业管理条例》第二十四条第二款规定，住宅物业的建设单位，应当通过招投标的方式选聘物业服务企业；投标人少于3个或者住宅规模较小的，经物业所在地的区、县人民政府房地产行政主管部门批准，可以采用协议方式选聘物业服务企业。由此可见，房地产开发商在选聘物业公司时，应通过招投标的方式选聘。若违反选聘规定，该法第五十六条规定，住宅物业的建设单位违反规定，未通过招投标的方式选聘物业服务企业或者未经批准，擅自采用协议方式选聘物业服务企业的，由县级以上地方人民政府房地产行政主管部门责令限期改正，给予警告，可以并处 10 万元以下的罚款。因此，法律只是明确规定了开发商选聘物业公司的形式，对物业公司并没有进一步的限制，只要符合资质的物业公司都可以参与招投标。

但是，《招标投标法实施条例》第三十四条明确规定，与招标人存在利害关系可能影响招标公正性的法人、其他组织或者个人，不得参加投标。毋庸置疑，子公司与母公司存在利害关系，是不能够作为投标人参加母公司招标的。

在上面的案例中，白云集团通过招投标的方式选聘物业服务公司，是符合《物业管理条例》规定的。但是根据《招标投标法实施条例》的规定，蓝天物业公司作为子公司，是不能参加招投标的。因此，蓝天物业公司不可以作为前期物业公司参与该小区的物业服务管理。业主们的质疑是有道理的。白云集团的招投标程序中存在不合法之处，蓝天物业公司中标是无效的。白云集团应该重新组织招投标活动。

法条链接

《物业管理条例》

第二十四条 国家提倡建设单位按照房地产开发与物业管理相分离的原则，通过招投标的方式选聘物业服务企业。

住宅物业的建设单位，应当通过招投标的方式选聘物业服务企业；投标人少于3个或者住宅规模较小的，经物业所在地的区、县人民政府房地产行政主管部门批准，可以采用协议方式选聘物业服务企业。

第五十六条 违反本条例的规定，住宅物业的建设单位未通过招投标的方式选聘物业服务企业或者未经批准，擅自采用协议方式选聘物业服务企业的，由县级以上地方人民政府房地产行政主管部门责令限期改正，给予警告，可以并处10万元以下的罚款。

《中华人民共和国招标投标法实施条例》

第三十四条 与招标人存在利害关系可能影响招标公正性的法人、其他组织或者个人，不得参加投标。

单位负责人为同一人或者存在控股、管理关系的不同单位，不得参加同一标段投标或者未划分标段的同一招标项目投标。

违反前两款规定的，相关投标均无效。

律师忠告

一般而言，物业服务企业应通过投标的方式选择住宅建设单位，不能直接通过协议的方式选择。否则，即便双方达成协议，也是无效的。物业服务企业在实际招投标的过程中，一定要注意避免程序违法，以免引起不必要的纠纷。

9. 业主大会可以解聘前期物业服务合同期限未届满的物业服务公司吗？

案例在线

2020 年 10 月，天天物业公司与某房地产公司签订前期物业服务合同，双方约定了服务期限为两年。2022 年 3 月，该房地产公司所开发的小区大部分房屋已经出售，并且很多业主已经入住。业主入住后，很快就成立了业主大会和业主委员会。业主大会选聘了新的物业服务公司，业主委员会与新的物业服务公司签订了合同。业主大会便要求解除与天天物业公司的服务合同。可是，物业服务公司认为服务期限尚未届满，不能解除合同。那么，业主大会可以解聘前期物业服务合同期限未届满的物业服务公司吗？

法律分析

《民法典》第九百四十条规定，建设单位依法与物业服务人订立的前期物业服务合同约定的服务期限届满前，业主委员会或者业主与新物业服务人订立的物业服务合同生效的，前期物业服务合同终止。同时，《物业管理条例》第二十六条也作出了类似规定。由此可知，建设单位和物业服务企业可以在签订合同时约定服务期限，但即使合同期限未满，如果小区业主入住后，业主委员会与新的物业服务公司签订的物业服务合同生效，前期物业服务合同即终止，业主无须因提前终止前期物业服务合同而承担违约责任。这一规定，既可以保证前期物业服务公司为小区提供前期服务，也便于最大限度保护业主的合法权益，将选聘物业服务公司的最终决定权及时还给业主。

在上面的案例中，虽然天天物业服务公司与某房地产企业签订了两年的物业服务合同，但是该小区的业主大会选定了新的物业服务企业，而前期物业服务合同的期限不能对此进行约束，所以，即便合同期限尚未届满，业主大会此时也可以解聘天天物业服务公司。

法条链接

《中华人民共和国民法典》

第九百四十条 建设单位依法与物业服务人订立的前期物业服务合同约定的服务期限届满前，业主委员会或者业主与新物业服务人订立的物业服务合同生效的，前期物业服务合同终止。

《物业管理条例》

第二十六条 前期物业服务合同可以约定期限；但是，期限未满、业主委员会与物业服务企业签订的物业服务合同生效的，前期物业服务合同终止。

律师忠告

在现实生活中，前期物业服务合同的期限不能约束业主委员会签订的新的物业服务合同。因此，对于物业公司而言，在与住宅建设单位签订前期物业服务合同时，应当注意维护自己的合法权益。

10. 前期物业服务公司被解聘后，拒绝退出的可能会受到何种处罚？

案例在线

　　江河物业公司与某房地产公司签订了一份前期物业服务合同。业主入住小区后，成立了业主大会，并选聘了新的物业服务公司。因此，业主委员会受业主大会之托，给江河物业公司发了解聘通知书，希望他们交接工作并退出小区。但是，江河物业公司认为前期物业服务合同尚未到期，拒绝退出。并且，在新的物业公司准备交接时，江河物业公司也拒绝交出相关材料。此时，小区的开发商告诉江河物业公司，如果不移交相关的材料，将会受到相应的处罚。那么，前期物业服务公司被解聘后，拒绝退出的可能会受到何种处罚？

法律解析

　　房地产商承建的房屋开始出售后，因业主尚未达到一定人员，无法召开业主大会来选聘物业管理公司，而小区物业又需要进行管理，所以由房地产开发商选聘物业管理公司对小区物业进行前期管理。但是，当业主大会成立后，可以由其代表业主选聘物业管理公司。在有新物业公司接手的情况下，前期的物业公司应当终止原来的物业服务合同并退出小区物业服务。

　　《民法典》第九百四十九条规定，物业服务合同终止的，原物业服务人应当在约定期限或者合理期限内退出物业服务区域，将物业服务用房、相关设施、物业服务所必需的相关资料等交还给业主委员会、决定自行管理的业主或者其指定的人，配合新物业服务人做好交接工作，并如实告知物业的使用和管理状况。原物业服务人违反该规定的，不得请求业主支付物业服务合同终止后的物业费；造成业主损失的，应当赔偿损失。同时，《物业管理条例》第二十九条规定了应当移交的材料，第五十八条还明确规定，前期物业服务公司不移交有关资料的，由县级以上地方人民政府房地产行政主管部门责令限期改正；逾期仍不移交有关资料的，对物业服务公司予以通报，处1万元以上10万元以下的罚款。据此可知，前期物业服务公司被解聘后，拒绝退出的不但可能会承担民事责任，还可能会受到行政处罚。

在上面的案例中，江河物业公司属于前期物业服务公司，因此，当业主选聘新的物业服务公司后，其应当将相关材料移交，及时退出小区物业服务区域。否则，物业公司可能会承担相应的损害赔偿责任，还可能会受到行政处罚。

法条链接

《中华人民共和国民法典》

第九百四十九条 物业服务合同终止的，原物业服务人应当在约定期限或者合理期限内退出物业服务区域，将物业服务用房、相关设施、物业服务所必需的相关资料等交还给业主委员会、决定自行管理的业主或者其指定的人，配合新物业服务人做好交接工作，并如实告知物业的使用和管理状况。

原物业服务人违反前款规定的，不得请求业主支付物业服务合同终止后的物业费；造成业主损失的，应当赔偿损失。

《物业管理条例》

第二十九条 在办理物业承接验收手续时，建设单位应当向物业服务企业移交下列资料：

（一）竣工总平面图，单体建筑、结构、设备竣工图，配套设施、地下管网工程竣工图等竣工验收资料；

（二）设施设备的安装、使用和维护保养等技术资料；

（三）物业质量保修文件和物业使用说明文件；

（四）物业管理所必需的其他资料。

物业服务企业应当在前期物业服务合同终止时将上述资料移交给业主委员会。

第五十八条　违反本条例的规定，不移交有关资料的，由县级以上地方人民政府房地产行政主管部门责令限期改正；逾期仍不移交有关资料的，对建设单位、物业服务公司予以通报，处 1 万元以上 10 万元以下的罚款。

律师忠告

前期物业管理具有过渡性，作为前期物业管理公司，在业主选聘了新的物业管理公司后，应当按照规定将材料移交给业主委员会。若物业公司拒绝退出，则会承担一定的法律责任。

11. 物业公司中标后，开发商不与其签订合同的，物业公司可以要求赔偿吗？

案例在线

海洋公司是新成立的一家物业服务企业，该公司在某网络平台上看到该市某知名房地产公司在出售物业服务，便开始准备参加投标。由于公司刚刚成立，为了打出企业的名号，海洋公司对此次投标准备得非常充分。随后，海洋公司参加了该房地产公司的投标，并且中标。可是，中标后，该房地产公司一直没有与海洋公司签订物业服务合同。后经催促，该房地产公司总以各种理由拖延。那么，物业公司中标后，开发商不与其签订合同的，物业公司可以要求赔偿吗？

法律解析

根据《招标投标法实施条例》第五十七条的规定，招标人和中标人应当依照《招标投标法》和该条例的规定签订书面合同。因此，在物业公司中标后，房地产开发商应当按照规定与物业公司签订物业服务合同。对于没有签订物业服务合同的，根据该条例第七十三条规定，无正当理由不与中标人订立合同的，由有关行政监督部门责令改正，可以处中标项目金额10‰以下的罚款；给他人造成损失的，依法承担赔偿责任；对单位直接负责的主管人员和其他直接责任人员依法给予处分。

在上面的案例中，海洋公司中标后，房地产开发商应及时与其签订物业服务合同。如果房地产开发商因没有签订合同给海洋公司造成损失的，应依法承担损害赔偿责任。此外，海洋公司还可以请求有关行政监督部门要求其进行改正，此时，房地产开发商则可能会受到一定的行政处罚。

法条链接

《中华人民共和国招标投标法实施条例》

第五十七条 招标人和中标人应当依照招标投标法和本条例的规定签订书面合同，合同的标的、价款、质量、履行期限等主要条款应当与招标文件和中标人的投标文件的内容一致。招标人和中标人不得再行订立背离合同实质性内容的其他协议。

招标人最迟应当在书面合同签订后5日内向中标人和未中标的投标人退还投标保证金及银行同期存款利息。

第七十三条 依法必须进行招标的项目的招标人有下列情形之一的，由有关行政监督部门责令改正，可以处中标项目金额10‰以下的罚款；给他人造成损失的，依法承担赔偿责任；对单位直接负责的主管人员和其他直接责任人员依法给予处分：

（一）无正当理由不发出中标通知书；

（二）不按照规定确定中标人；

（三）中标通知书发出后无正当理由改变中标结果；

（四）无正当理由不与中标人订立合同；

（五）在订立合同时向中标人提出附加条件。

律师忠告

　　在物业公司中标后，其可以要求招标人（如房地产开发公司）及时与其签订书面合同。若招标人未与其签订合同并由此造成损害，物业公司可以要求其承担损害赔偿责任。当然，物业公司中标后，其应当积极跟进合同签订事宜，避免因此带来的风险。

第三章 物业管理相关费用

12. 物业服务收费的法律依据是什么？

李先生就要结婚了，经过多番考虑，李先生在交通便利的春风小区买了一套房屋作为婚房。之后，李先生与春风小区的物业公司签订了物业服务合同，其中，约定物业费用为 2.5 元 / 平方米 / 月，与此相对应地，物业公司负责对小区进行管理，维护小区的共有部分及公共区域的公共秩序和卫生。李先生刚开始还认为物业费用有些偏高，但后来李先生发现，物业公司对小区的管理确实非常好，不仅将小区的绿化、卫生做得非常到位，而且会经常派保安在小区内巡逻，保障业主的安全。那么，物业服务收费的法律依据是什么？是否物业服务做得越好就可以收费越高？

法律解析

《物业服务收费管理办法》第二条已经明确规定了物业服务收费，即物业管理企业按照物业服务合同的约定，对房屋及配套的设施设备和相关场地进行维修、养护、管理，维护相关区域内的环境卫生和秩序，向业主所收取的费用。一般来说，物业公司的物业服务越好，投入的资金成本就越大，物业公司也就有权收取越高的费用，但这并不是毫无限制的。该办法第六条和第七条就规定了相应的物业服务收费标准。根据不同物业的性质，物业收费会分别实行政府指导价和市场调节价。实行政府指导价的具体收费标准由业主与物业管理企业根据规定的基准价和浮动幅度在物业服务合同中约定。实行市场调节价的物业收费，则由物业和业主双方当事人协商确定。综上所述，只要物业公司的收费满足上述规定，便属于合法的收费。

在上面的案例中，李先生所在小区的物业服务公司提供的物业服务非常到位，李先生等业主也并没有认为物业费用过高，他们都遵守了物业服务合同的约定，不存在不合理之处。

法条链接

《物业服务收费管理办法》

第二条 本办法所称物业服务收费，是指物业管理企业按照物业服务合同的约定，对房屋及配套的设施设备和相关场地进行维修、养护、管理，维护相关区域内的环境卫生和秩序，向业主所收取的费用。

第六条 物业服务收费应当区分不同物业的性质和特点分别实行政府指导价和市场调节价。具体定价形式由省、自治区、直辖市人民政府价格主管部门会同房地产行政主管部门确定。

第七条 物业服务收费实行政府指导价的，有定价权限的人民政府价格主管部门应当会同房地产行政主管部门根据物业管理服务等级标准等因素，制定相应的基准价及其浮动幅度，并定期公布。具体收费标准由业主与物业管理企业根据规定的基准价和浮动幅度在物业服务合同中约定。

实行市场调节价的物业服务收费，由业主与物业管理企业在物业服务合同中约定。

律师忠告

物业公司应当清楚自己所服务的物业的性质，并相应实行物业服务收费的政府指导价或者市场调节价。物业公司应当时刻注意相关法律法规及行政机关公布的定价标准，使自身的物业收费标准处于合法范围内。

13. 物业服务收费的监管由谁负责？

案例在线

经过多年奋斗，冯先生终于拥有了自己的房子。某年年初，冯先生搬入了水仙小区的新房，并与 X 公司签订了物业服务合同，约定由 X 公司提供物业服务，物业服务费标准为 3 元 / 平方米 / 月。本来，冯先生对物业费的收费标准并没有概念，但是看到自己所住的小区，不仅绿化环境好、安保措施做得非常到位，公共卫生也收拾得非常干净，整个小区井井有条，因此，冯先生认为这个物业管理费花得值。后来，冯先生听住在同档次小区的朋友们说，他们的物业费都只有两元多，冯先生想，自己的物业服务收费标准是不是偏高了呢？那么，物业服务收费的监管由谁负责？

法律解析

根据《物业服务收费管理办法》第四条的规定，物业服务收费监督管理工作由县级以上地方人民政府价格主管部门会同同级房地产行政主管部门负责。对于物业收费标准，根据该办法第七条的规定，实行政府指导价的物业服务收费，当事人可以根据规定的基准价和浮动幅度确定具体收费标准。也就是说，物业公司和业主对于物业收费标准具有一定的自主权,可以自主协商收费标准。另外,根据该办法规定,只要是市场自主形成的、符合监管机构规定的标准幅度的物业收费,就是合理合法的收费标准,国家也提倡当事人进行自主协商,以促进物业服务水平和物业服务收费相匹配的市场环境。

在上面的案例中,X 公司的物业收费监管工作由其所在地的价格主管部门和房地产行政主管部门负责。并且,只要 X 公司的物业收费标准是按照当地的基准价和浮动幅度确定的,服务和收费相匹配,那么,即便 X 公司的服务收费偏高,也是合理合法的。

法条链接

《物业服务收费管理办法》

第三条 国家提倡业主通过公开、公平、公正的市场竞争机制选择物业管理企业;鼓励物业管理企业开展正当的价格竞争,禁止价格欺诈,促进物业服务收费通过市场竞争形成。

第四条 国务院价格主管部门会同国务院建设行政主管部门负责全国物业服务收费的监督管理工作。

县级以上地方人民政府价格主管部门会同同级房地产行政主管部门负责本行政区域内物业服务收费的监督管理工作。

第五条 物业服务收费应当遵循合理、公开以及费用与服务水平相适应的原则。

第七条第一款 物业服务收费实行政府指导价的,有定价权限的人民政府价格主管部门应当会同房地产行政主管部门根据物业管理服务等级标准等因素,制定相应的基准价及其浮动幅度,并定期公布。具体收费标准由业主与物业管理企业根据规定的基准价和浮动幅度在物业服务合同中约定。

律师忠告

物业公司不能盲目收取物业服务费，也不能随意定价收费。对于实行政府指导价的物业收费，应当实时关注有关部门发布的标准，并结合自身的实际服务质量来确定实际的物业收费标准，做到服务质量与收费标准相匹配。只有这样，才能够使自身的服务收费符合法律的规定，同时让业主感到满意。

14. 物业管理企业应当如何做到收费公示？

案例在线

今年年初，何先生入住了玫瑰小区。之后，何先生与小区的 T 公司签订了物业服务合同，物业费是 1.8 元 / 平方米 / 月。何先生入住一段时间之后，认为 T 公司的物业服务非常差劲，小区内已经杂草丛生却无人养护，并且外来人员可以随时出入小区保安也不管理，小区的环境和安全都没有得到保障。于是，何先生就找到 T 公司，要求其公开物业收费定价的依据，并公示物业收费的相关项目。但 T 公司拒绝了，并试图用一些托词来说明其已经履行了相应的物业服务。何先生实在气不过，便想投诉举报 T 公司。那么，物业管理企业必须进行收费公示吗？又应当如何做到收费公示呢？

法律解析

根据《物业服务收费管理办法》第八条、《物业服务收费明码标价规定》第三条的规定，物业收费应当做到明码标价，将相关情况进行公示。同时，根据《物业服务收费明码标价规定》第六条的规定，物业管理企业进行收费公示的内容应当包括：物业管理企业名称、收费对象、服务内容、服务标准、计费方式、计费起始时间、收费项目、收费标准、价格管理形式、收费依据、价格举报电话等。此外，依据该规定第七条，物业收费公示内容应当公示于物业服务区域内的显著位置或收费地点，如通过公示栏、公示牌、收费表、收费清单、收费手册、多媒体终端查询等多种方式进行公示。

在上面的案例中，T 公司应当在物业服务区域内的显著区域进行物业服务收费公示，做到明码标价，保障业主对物业服务内容的知情权。特别是在业主提出疑问之后，物业公司要如实告知业主。

法条链接

《物业服务收费管理办法》

第八条 物业管理企业应当按照政府价格主管部门的规定实行明码标价，在物业管理区域内的显著位置，将服务内容、服务标准以及收费项目、收费标准等有关情况进行公示。

《物业服务收费明码标价规定》

第三条 物业管理企业实行明码标价，应当遵循公开、公平和诚实信用的原则，遵守国家价格法律、法规、规章和政策。

第六条 物业服务收费明码标价的内容包括：物业管理企业名称、收费对象、服务内容、服务标准、计费方式、计费起始时间、收费项目、收费标准、价格管理形式、收费依据、价格举报电话 12358 等。[1]

实行政府指导价的物业服务收费应当同时标明基准收费标准、浮动幅度，以及实际收费标准。

---

[1] 根据《国家市场监督管理总局关于整合建设 12315 行政执法体系更好服务市场监管执法的意见》（国市监网监〔2019〕46 号）、《国务院办公厅关于进一步优化地方政务服务便民热线的指导意见》（国办发〔2020〕53 号），价格举报电话 12358 不再使用。对于价格违法行为，可拨打 12315 或 12345 热线，或在全国 12315 平台（https://www.12315.cn）进行投诉举报。

第七条 物业管理企业在其服务区域内的显著位置或收费地点，可采取公示栏、公示牌、收费表、收费清单、收费手册、多媒体终端查询等方式实行明码标价。

律师忠告

物业公司应当在物业服务区域内的显著位置公示物业服务收费相关内容，以保障业主的知情权，自觉使自身的物业服务质量和收费受到监管机关和业主的监督，创造一个有利于物业服务的良好环境，使自身的运营处于合法范围之内，推进物业服务质量。

15. 物业服务费有哪些收费形式？

案例在线

许先生在满天星小区买了一栋新房，并与满天星小区的物业公司 D 公司签订了《物业服务合同》，合同中明确约定，D 公司按包干制计费方式确定物业服务费用，许先生作为业主应于每年 12 月 31 日前向 D 公司支付物业费，具体物业服务费用按照房屋建筑面积计取，具体收费内容包括绿化养护费用、环境卫生维护费用、社区公共秩序维护费用、共有设施日常维护费用、管理人员费用、办公费用等，收费标准为 2.5 元/平方米/月。后来，许先生听说还有一种物业服务收费方式叫做酬金制。许先生就产生了一个疑问，物业服务费用的收费方式不是统一的吗？都有哪些收费形式呢？

法律解析

案例中的物业服务收费方式为包干制收费，目前使用较普遍。根据《物业服务收费管理办法》第九条、第十一条的规定，物业服务费用的收费形式有包干制、酬金制等形式。包干制，即物业公司向业主收取的是固定的物业服务费用，无论盈亏，都由物业公司自行承担的一种收费形式，其构成包括物业服务的成本、税费、利润等。酬金制，即业主向物业公司预交物业费用，物业公司将其中的一部分用于物业服务的实际支出，并按照合同约定的比例或金额收取酬金，剩余的金额归于业主的一种物业服务收费形式。酬金制相比包干制，对于业主的钱和物业公司的收入能够分得更加清楚，理论上能够避免业主的资金被物业公司占用，但实践中由于业主难以监督物业公司实际的物业服务支出，因此包干制更具有实操性。

法条链接

《物业服务收费管理办法》

第九条　业主与物业管理企业可以采取包干制或者酬金制等形式约定物业服务费用。

包干制是指由业主向物业管理企业支付固定物业服务费用，盈余或者亏损均由物业管理企业享有或者承担的物业服务计费方式。

酬金制是指在预收的物业服务资金中按约定比例或者约定数额提取酬金支付给物业管理企业，其余全部用于物业服务合同约定的支出，结余或者不足均由业主享有或者承担的物业服务计费方式。

第十一条第一款、第二款　实行物业服务费用包干制的，物业服务费用的构成包括物业服务成本、法定税费和物业管理企业的利润。

实行物业服务费用酬金制的，预收的物业服务资金包括物业服务支出和物业管理企业的酬金。

律师忠告

　　酬金制物业服务收费方式的实施需要完善的物业监督管理制度来约束，目前尚没有特别完善的制度。因此，一般来说，采用包干制的物业服务收费形式更加简便可行。

16. 对于没有卖出的房子，开发商是否需要交纳物业服务费用？

案例在线

　　甲房地产开发公司投资开发了一片小区，周边配套设施齐全，地铁、超市、商场、医院、学校应有尽有，很快就吸引了大家前来购房。但由于是高档小区，房价比较高，仅卖出了不到一半的房子，留下了一半多的房子一直没有卖出。此前，甲房地产开发公司已经聘请了 D 物业公司作为小区的前期物业服务企业，为小区提供前期物业服务。由于小区业主委员会还没有成立并选聘新的物业服务企业，目前小区的物业服务仍然由 D 物业公司提供，业主向 D 物业公司交纳物业服务费用。那么，对于没有卖出的房子，开发商是否需要交纳物业服务费用？

法律解析

　　对于没有卖出的房子，开发商也需要交纳物业服务费用。对此，我国法律法规已有明确的规定。《物业管理条例》第四十一条第二款规定："已竣工但尚未出售或者尚未交给物业买受人的物业，物业服务费用由建设单位交纳。"也就是说，无论房屋是未卖出或是未交付给购房人，开发商承建的房屋建成竣工后就应当为该房屋交纳物业服务费用。实际上，这条规定也不难理解，因为即便房屋并未卖出，但为了维持整个小区的正常运转，物业公司仍在持续地提供物业服务，享受物业服务的包括全体已经购房的业主，也包括其他未售出的房屋。而且除了业主购买后交付物业费用以外，开发商作为大产权人，作为所有未售出房屋的业主，也应当按照前期物业服务合同的相关约定交纳物业服务费用，这才符合物业服务合同的相对性和公平性。

在上面的案例中，D 物业公司持续地为该小区提供物业服务，已经售出的房屋由业主支付物业费用，而未卖出的房屋应当由甲房地产开发公司交纳相应的物业服务费用。

法条链接

《物业管理条例》

第四十一条第二款　已竣工但尚未出售或者尚未交给物业买受人的物业，物业服务费用由建设单位交纳。

律师忠告

物业公司有权根据前期物业服务合同，向开发商主张未卖出房屋所应付的物业服务费用，这是物业公司的权利，也是开发商的义务。如开发商拒不交纳，物业公司可以拿起法律武器来维护自己的权益。

17. 酬金制模式下，预收的物业服务支出属于谁所有？

案例在线

左先生在当地新开盘的高档小区楼盘买了一套房屋，想送给自己的父母居住。购房时，左先生与小区的物业服务公司N公司签订了物业服务合同，约定由左先生向N公司支付物业服务费用，N公司则向左先生提供相应的物业服务。其中，约定的物业服务收费方式是酬金制。在酬金制的物业服务收费模式下，左先生及其他业主需要向N物业公司预缴物业服务支出，再由N公司将该部分费用用于物业服务。那么，在酬金制模式下，预收的物业服务支出属于谁所有？

法律解析

在酬金制模式下，预收的物业服务支出属于业主所有。酬金制，即业主向物业公司预交物业费用，物业公司将其中的一部分用于物业服务的实际支出，并按照合同约定的比例或金额收取酬金，剩余的金额归于业主的一种物业服务收费形式。对于预收的物业服务支出的性质，《物业服务收费管理办法》第十二条明确规定，预收的物业服务支出属于业主所有，物业公司只是代为管理，并且必须专款专用，只能将该部分费用用于物业服务。同时，该办法还规定，物业公司应当向全体业主公示物业服务资金的收支情况，并回答业主对相应收支情况的质询，业主也可以要求对收支情况进行审计。

在上面的案例中，N物业公司预收的物业服务支出属于该高档小区所有业主共有，N公司必须得将该部分费用用于物业服务支出，并有权按照物业服务合同约定收取一定的酬金。同时，N公司还应当公示该部分物业服务资金的收支情况，并接受业主对于该收支情况的监督。

法条链接

《物业服务收费管理办法》

第十二条　实行物业服务费用酬金制的，预收的物业服务支出属于代管性质，为所交纳的业主所有，物业管理企业不得将其用于物业服务合同约定以外的支出。

物业管理企业应当向业主大会或者全体业主公布物业服务资金年度预决算并每年不少于一次公布物业服务资金的收支情况。

业主或者业主大会对公布的物业服务资金年度预决算和物业服务资金的收支情况提出质询时，物业管理企业应当及时答复。

第十三条 物业服务收费采取酬金制方式，物业管理企业或者业主大会可以按照物业服务合同约定聘请专业机构对物业服务资金年度预决算和物业服务资金的收支情况进行审计。

律师忠告

在酬金制的物业服务收费模式下，物业公司应当专款专用，并按照法律法规要求对物业服务资金的收支情况进行公示，随时接受业主的监督，做到收费、开支公开透明，经得起业主和任何监管机构的考验。

18. 物业公司向业主代收其他费用时，可以收取相应服务的手续费吗？

案例在线

小崔在公司附近的樱桃小区买了一套单人公寓。入住后，小崔置办了许多生活用品，并办理了宽带。宽带公司宽带费用的收费标准为70元/月，由宽带公司委托的樱桃小区的物业公司A公司进行收缴，由小崔每月直接向A公司交纳宽带费用。某月，A公司的工作人员上门向小崔收取宽带费用70元，并以物业公司代收宽带费用为由，要求小崔再交付20元的手续费。小崔对此感到疑惑。那么，物业公司向业主代收其他费用时，可以收取相应服务的手续费吗？

法律解析

代收其他费用时，物业公司可以收取相应服务的手续费，但仅能向委托单位收取，而不能向业主收取。对此，《物业服务收费管理办法》第十七条有着明确的规定，即供水、供电、供气、供热、通讯、有线电视等单位应当向业主或实际使用人直接收取相关费用，如果需要物业公司进行代收，物业公司只能向委托单位收取相应手续费。物业公司与业主之间仅仅签订了物业服务合同，因此，物业公司仅有权因其向业主提供物业服务而要求业主支付相应物业服务费用。这样能够很好地避免物业公司胡乱收费，保护广大业主的权益。

在上面的案例中，A公司不能够要求小崔交纳因其代收宽带费用而产生的20元手续费，这样并不合规。如果A公司确需收取相应手续费用的，仅能与宽带公司协商，要求宽带公司支付该部分手续费用。

法条链接

《物业服务收费管理办法》

第十七条 物业管理区域内，供水、供电、供气、供热、通讯、有线电视等单位应当向最终用户收取有关费用。物业管理企业接受委托代收上述费用的，可向委托单位收取手续费，不得向业主收取手续费等额外费用。

律师忠告

供水、供电、供气、供热、通讯、有线电视等单位向业主提供相应服务，是由于该单位与业主之间的合同，如果该单位委托物业公司代收相应服务的费用，那么物业公司收取手续费的依据是物业公司与该单位之间的委托关系，物业公司有权因此向委托单位收取手续费。

19. 小区公共电费应当由业主交纳吗？

案例在线

小顾在苹果小区买了一套新房，在购房时，小顾与小区的物业服务公司H公司签订了物业服务合同，约定由H公司提供小区的绿化、安保、清洁、公共设施的运行及维护等各方面的服务，并由小顾每月向H公司支付相应的物业费。入住新房半年后，细心的小顾发现自己每个月的电费似乎有些偏高，经过向电力公司查询，发现原来自己还交纳了一部分小区公共设施维护运行的电费，如小区路灯的电费、小区健身广场的电费。小顾感到非常疑惑，找H公司询问时得到的回复是，公共设施电费由所有业主共同分摊，可小顾记得当时物业合同里约定由物业公司负责小区公共设施的运行及维护。那么，小区公共电费应当由业主交纳吗？

法律解析

小区公共电费是否应当由业主交纳，其答案并不是确定的。根据《物业服务收费管理办法》第十九条的规定，物业公司和其他实际提供服务的单位不得对业主进行重复收费。一般情况下，小区公共电费的承担方是业主还是物业公司，在双方签订的物业服务合同中有明确的约定，如果双方约定该部分费用包含在物业费用内，那么业主在交付物业费时已经支付该部分费用。也就是说，如果物业公司已经接受电力公司委托，收取了小区相应公共电费作为物业服务费用一部分，那么电力公司无权再另外向业主收取该部分公共电费。

在上面的案例中，如果业主所交的物业费包含公共设施的电费，那么，小区路灯等公共设施运行的电费应当由物业公司交纳，而不应当由电力公司再向小顾等业主重复收取。

法条链接

《物业服务收费管理办法》

第十九条 物业管理企业已接受委托实施物业服务并相应收取服务费用的，其他部门和单位不得重复收取性质和内容相同的费用。

律师忠告

物业公司在实际经营的过程中，需要关注自己公司的物业服务内容到底包括哪些，收费项目有哪些，以避免与其他单位构成重复收费，从而引起纠纷。

20. 物业合同范围外的服务如何确定收费？

案例在线

何先生是聚丰小区七栋三单元×楼×号房屋的业主。物业公司 R 公司是该小区的物业服务公司，为小区提供日常秩序维护、绿化保养、公共区域的清扫清洁等方面的物业服务。何先生在购房时与 R 公司签订了物业服务合同，明确约定了物业服务内容。有一次，何先生家卫生间水管坏了，便联系物业公司为其维修，物业公司的维修人员上门后，与何先生说了收费问题，何先生感到有些疑惑，为什么物业公司不负责家里日常设施的维修？维修人员解释说，这是因为该项维修在物业服务合同范围外，应当另行收费。那么，物业合同范围外的服务如何确定收费？

法律解析

物业合同范围外服务的收费应当由物业公司和业主自行协商约定收费标准。根据《物业服务收费管理办法》第二十条的规定，物业公司可以为业主提供物业合同范围外的服务，但由于该项服务为合同外事项，因此该项服务收费应当由双方另行协商确定。也就是说，物业公司所提供的服务在合同范围内的，物业公司不得另行收费。但是，物业公司提供的服务不仅局限于物业合同中的内容，还可以根据业主的需求提供相应的合同范围外的物业服务，但由于这是有偿服务，双方可以自行协商服务费用收取的方式方法。

在上面的案例中，何先生和 R 公司之间的物业服务合同明确约定了相应的物业服务内容，其中并不包括私人设施的维修服务，所以，R 公司可以就卫生间水管维修事项另行与何先生协商收费。

法条链接

《物业服务收费管理办法》

第二十条　物业管理企业根据业主的委托提供物业服务合同约定以外的服务，服务收费由双方约定。

律师忠告

物业公司能够提供的服务范围不仅局限于物业服务合同中约定的服务事项，还可以根据业主的委托为业主提供其他服务，并就这些服务与业主协商进行收费。但需要注意的是，物业公司为业主提供其他服务的内容以及收费标准，应当是在法律允许的范围内。

21. 物业服务支出的具体内容有哪些？

案例在线

　　K 公司是绿萝小区的物业服务公司。在绿萝小区每个业主购房时，K 公司都会与业主签订一份物业服务合同，约定由 K 公司为业主提供物业服务，并由业主每月向 K 公司交纳物业服务费用，标准为 2.5 元 / 平方米 / 月，以此来覆盖全部的物业服务支出。业主邱小姐是今年新搬进来的，对合同条款产生了疑惑，并打电话向 K 公司咨询，合同中的"物业服务支出"到底包含哪些内容，并要求 K 公司对此进行公示，但 K 公司的接线人员也含含糊糊地说不明白物业服务支出有哪些具体内容。那么，物业服务支出的具体内容有哪些？

法律解析

　　物业服务支出是物业公司在收取物业费后应当用于物业服务的款项支出，也是物业公司收取物业服务费用的依据，因此，物业服务支出不能无限扩张范围，应当在法律规定的合理范围内展开。对此，《物业服务收费管理办法》第十一条第三款对物业服务支出的范围进行了列举式的规定。具体来说，物业服务支出一般包括：管理服务人员的工资、社会保险和按规定提取的福利费等；物业共用部位、共用设施设备的日常运行、维护费用；物业管理区域清洁卫生费用；物业管理区域绿化养护费用；物业管理区域秩序维护费用；办公费用；物业管理企业固定资产折旧；物业共用部位、共用设施设备及公众责任保险费用；经业主同意的其他费用。

　　物业服务支出内容与业主利益密切相关，因此各个物业公司应对其范围做到心中有数。在上面的案例中，K 公司应当根据业主的要求，告知其物业服务支出的具体构成。

法条链接

《物业服务收费管理办法》

第十一条第三款　物业服务成本或者物业服务支出构成一般包括以下部分：

1. 管理服务人员的工资、社会保险和按规定提取的福利费等；

2. 物业共用部位、共用设施设备的日常运行、维护费用；

3. 物业管理区域清洁卫生费用；

4. 物业管理区域绿化养护费用；

5. 物业管理区域秩序维护费用；

6. 办公费用；

7. 物业管理企业固定资产折旧；

8. 物业共用部位、共用设施设备及公众责任保险费用；

9. 经业主同意的其它费用。

律师忠告

　　物业服务支出的范围应当在法律允许的框架下展开，除法律法规等已经明确规定的内容外，其他内容需要经过业主同意才能够作为物业服务支出的一部分。只有这样，才符合物业公司作为业主"管家"的这样一个身份，物业公司才是在为业主利益提供物业服务。

22. 物业公司能否将外墙大修费用列入物业服务支出？

案例在线

周先生工作了十年，向银行借了 20 万元的贷款，再加上自己多年的存款，周先生用这笔钱在荔枝小区购买了一套房屋。买房后，周先生与荔枝小区的物业服务公司 F 公司签订了物业服务合同，其中约定由周先生每月向 F 公司交纳物业费 3 元 / 平方米，并由 F 公司提供相应的物业服务。后来，周先生了解到自己交纳的物业费标准偏高，便向物业公司致电询问物业服务支出的具体构成。工作人员回复具体内容包括物管区域清洁费、绿化费、秩序维护费、办公费用等大多物业公司通用的物业服务支出，除此之外还有一项房屋外墙大修费用。那么，物业公司能否将外墙大修费用列入物业服务支出？

法律解析

物业公司不能将外墙大修费用列入物业服务支出。对此，《物业服务收费管理办法》第十一条第四款已经进行了明确的规定，对于物业共用部位、共用设施设备的大修，应当通过专项维修资金予以列支，而不能够通过物业服务支出列支。这是因为，物业共用部位、共用设施设备的大修并不常见，只有在费用产生时才需要进行支出，如将该部分费用记在日常的物业费中，未免对业主太过不公平。

因此，在上面的案例中，由于外墙属于物业共用部位，物业公司不能够将外墙大修费用列入物业服务支出，只能通过专项维修资金予以列支，物业公司的做法违反了相关法律规定。

法条链接

《物业服务收费管理办法》

第十一条第四款 物业共用部位、共用设施设备的大修、中修和更新、改造费用，应当通过专项维修资金予以列支，不得计入物业服务支出或者物业服务成本。

律师忠告

法律法规明确规定了物业共用部位、共用设施设备的大修、中修、更新、改造费用应当通过专项维修资金予以列支。这很好地保护了业主的利益，避免物业公司在日常的物业管理工作中乱收费，同时，也提醒物业公司，应当明确掌握哪些属于物业服务支出或物业服务成本，哪些属于专项维修资金列支。

23. 物业费明码标价的标准和具体内容有哪些？

案例在线

华先生在牡丹小区购买了一套新房。购房后，华先生与牡丹小区的物业公司J公司签订了物业服务合同，其中约定华先生每月向J公司交纳物业费2元/平方米，并由J公司提供相应的物业服务，但是合同中却没有约定物业费的具体项目。有一次，华先生经过物业服务中心时，发现门口贴着物业服务项目具体内容，包括公共设施日常维护、绿化养护、保洁、秩序维护等，但没有每个分项的收费标准。华先生遂联系J公司，认为J公司没有做到物业费明码标价，要求整改。那么，物业费明码标价的标准和具体内容有哪些？

法律解析

物业公司应当对物业费进行明码标价。对于物业费明码标价的标准和具体内容，《物业服务收费明码标价规定》第五条、第六条已经作出了明确规定。物业费明码标价的标准是价目齐全、内容真实、标示醒目、字迹清晰。物业费明码标价的具体内容包括：物业公司名称、收费对象、服务内容、服务标准、计费方式、计费起始时间、收费项目、收费标准、价格管理形式、收费依据、价格举报电话等。除此之外，根据《物业服务收费明码标价规定》第八条的规定，物业公司对代收的水、电、气费等也应当进行明码标价。

因此，在上面的案例中，J公司只列明了收费项目却没有列明相应的收费标准，确实没有达到法律法规要求的明码标价的标准，也没有将物业收费明码标价的具体内容完全展现，故J公司应该按照法条的相应规定进行整改。

法条链接

《物业服务收费明码标价规定》

第五条 物业管理企业实行明码标价应当做到价目齐全，内容真实，标示醒目，字迹清晰。

第六条 物业服务收费明码标价的内容包括：物业管理企业名称、收费对象、服务内容、服务标准、计费方式、计费起始时间、收费项目、收费标准、价格管理形式、收费依据、价格举报电话12358等。[①]

实行政府指导价的物业服务收费应当同时标明基准收费标准、浮动幅度，以及实际收费标准。

---

① 根据《国家市场监督管理总局关于整合建设12315行政执法体系更好服务市场监管执法的意见》（国市监网监〔2019〕46号）、《国务院办公厅关于进一步优化地方政务服务便民热线的指导意见》（国办发〔2020〕53号），价格举报电话12358不再使用。对于价格违法行为，可拨打12315或12345热线，或在全国12315平台（https://www.12315.cn）进行投诉举报。

第八条　物业管理企业接受委托代收供水、供电、供气、供热、通讯、有线电视等有关费用的，也应当依照本规定第六条、第七条的有关内容和方式实行明码标价。

律师忠告

物业收费的明码标价，是法律、国家、政府对物业企业物业服务收费的明确要求。在对物业服务收费进行明码标价后，业主和物业公司之间的权利义务会更加清晰，能够更好地避免双方之间纠纷的产生。

24. 物业公司应如何展示其物业收费明码标价？

案例在线

金先生在杜鹃小区买了一套新房，并在购房后与杜鹃小区的物业服务公司Q公司签订了物业服务合同，约定由Q公司提供物业服务，而金先生向Q公司每月交纳相应的物业费用。后来，金先生发现，Q公司物业服务收费标准并不明确，在合同上并没有对具体的收费项目进行明确的约定。于是，金先生找到Q公司，要求Q公司对其物业服务收费信息进行明码标价。Q公司回复道，其已经在小区物业服务中心门口张贴相应的物业服务收费项目，金先生可以自行查看。那么，物业公司应如何展示其物业收费明码标价？

法律解析

物业公司如何对其物业收费进行明码标价，其实并没有必然的展现形式。对此，《物业服务收费明码标价规定》第七条明确规定，物业管理企业在其服务区域内的显著位置或收费地点，可采取公示栏、公示牌、收费表、收费清单、收费手册、多媒体终端查询等方式实行明码标价。由此可见，物业公司可以在其物业服务区域内以各种形式对物业服务收费进行明码标价，只要是在其收费地点或其服务区域内的显著位置即可。也就是说，我国法律法规并没有限制物业服务收费明码标价的形式，物业公司有很大的空间可以自由发挥。

因此，在上面的案例中，Q 公司在小区物业服务中心门口张贴相应的物业服务收费标准，对物业服务收费进行明码标价的行为没有任何问题，Q 公司已经对其物业服务收费进行了明码标价。

法条链接

《物业服务收费明码标价规定》

第七条　物业管理企业在其服务区域内的显著位置或收费地点，可采取公示栏、公示牌、收费表、收费清单、收费手册、多媒体终端查询等方式实行明码标价。

律师忠告

物业服务收费的明码标价，是我国法律对物业公司作出的必然要求。但我国法律并没有对具体明码标价的展现形式作出明确要求，只要求物业公司在自己的服务区内显著的地方进行明码标价展示。

25. 物业公司需要提前多长时间公示上调的物业费标准？

案例在线

　　L 公司是鸿雁小区的物业服务公司，多年来，L 公司一直以其优质的服务和低廉的价格，在业界获得了良好的口碑。但随着近两年物价的上涨，L 公司开始入不敷出，因此，L 公司再三考虑后，与鸿雁小区的业主委员会进行协商，并且经业主大会表决同意后决定上调物业费的收费标准，将物业费收费标准由 1.5 元／平方米／月上调为 2 元／平方米／月。经 L 公司的法律顾问提醒，L 公司需要在实行上涨标准前，在物业服务区域内对新的收费标准进行公示。那么，物业公司需要提前多长时间公示上调的物业费标准？

法律解析

　　公示，不管是以何种方式进行，都是物业服务收费明码标价的必要手段。因此，在物业服务收费上涨时，也需要进行必要的公式。对此，根据《物业服务收费明码标价规定》第十条的规定，如果物业服务收费标准进行上调，那么物业公司应当提前一个月进行新标准的公示，并指明新标准的实行日期。只有这样，才能够让业主们清楚明白地知道自己到底在为什么样的服务交费，保障业主们作为消费者的知情权。

　　因此，在上面的案例中，L 公司应当在新标准 2 元／平方米／月实行前一个月在其物业服务区域内的显著位置进行公示，并在其中指明新标准将开始实施的时间，使业主知悉新的物业费收费标准。只有这样，物业公司才能算真正做到了明码标价。

法条链接

《物业服务收费明码标价规定》

第十条 实行明码标价的物业服务收费的标准等发生变化时，物业管理企业应当在执行新标准前一个月，将所标示的相关内容进行调整，并应标示新标准开始实行的日期。

律师忠告

在物业服务过程中，如果物业收费标准进行了上调，那么，在我国现行物业收费明码标价的相关规定下，物业公司并不仅仅是把上调的收费标准展现出来就足够了，其应当提前一个月就对该上调标准进行公示，并指明新标准的实行日期。

26. 闲置房屋可以不交物业费吗？

案例在线

谭女士购买了向日葵小区的一套房屋，想在儿子将来结婚时用作婚房，并于购房时与向日葵小区的物业公司 E 公司签订了物业服务合同。由于谭女士的儿子出国留学，因此这套房屋长时间空置。有一次，谭女士接到了 E 公司的工作人员打来的电话，要求谭女士交纳这套房屋的物业服务费用。谭女士认为，自己这套房屋从来都没有使用过，也不曾享受过任何的物业服务，因此其不应当交纳物业费用，便拒绝了 E 公司的要求。那么，闲置房屋可以不交物业费吗？

法律解析

闲置房屋也应当按照物业服务合同的物业费缴费标准交纳物业费。对此，《民法典》第九百四十四条第一款有着明确的规定，即只要是物业公司已经按照合同约定提供了相关的物业服务，那么，业主就不能以自己没有接受物业服务为由拒绝支付物业服务费用。这是因为，虽然业主没有实际使用闲置房屋，但物业公司已经为该套闲置房屋的安全、公共设施的维护、小区的整体绿化和保洁提供了服务。

因此，在上面的案例中，虽然谭女士并没有实际使用闲置房屋，但 E 公司已经实际履行了物业服务，为谭女士的房屋提供了安全、公共区域的保洁、秩序维护等一系列的物业服务，谭女士是自己放弃了享受该物业服务的权利，并不能以此为由拒绝交纳物业服务费用。

法条链接

《中华人民共和国民法典》

第九百四十四条第一款　业主应当按照约定向物业服务人支付物业费。物业服务人已经按照约定和有关规定提供服务的，业主不得以未接受或者无需接受相关物业服务为由拒绝支付物业费。

律师忠告

只要物业公司实际按照合同约定提供了物业服务，业主就无权以其没有接受物业服务为由拒绝支付物业费。物业公司应当知道这一点，并以此来保障自己的权益不受到损害，在业主拒绝交纳物业费时，拿起法律武器来维护自己的权利。

27. 房屋因质量问题漏水，业主能拒交物业费吗？

案例在线

林先生想要购买一套住房，在中介的推荐下，他看中了某处楼盘。前往该楼盘实际看房后，林先生对户型和小区环境都非常满意，立即签订了购房合同。正式入住一个月后，林先生逐渐发现该房屋存在很多问题。由于地处南方，时常有阴雨天气，林先生的房屋外墙出现渗水现象，房屋内部的墙壁也有许多霉斑。林先生对此十分苦恼，便在朋友的引荐下，带着专业维修人员上门查看究竟。维修人员检查后表示，外墙渗水是楼体本身的质量问题，维修只能治标不治本。林先生见自己刚买的房子就出现了质量问题，非常气愤，到物业公司讨要说法。物业公司以其无法对楼体质量问题负责为由回复了林先生。为表示抗议，林先生拒绝向物业公司继续支付物业费。那么，林先生拒交物业费的行为是否合法？

法律解析

本案中，林先生拒绝支付物业费的行为是不合法的。根据《民法典》第九百三十七条第一款的规定，物业服务人与业主之间签订物业服务合同后，形成了权利义务关系，物业服务人应当在合同约定的范围内向业主提供服务。房屋质量问题不属于物业服务合同约定的内容，而应当由房屋买卖合同进行约束。当房屋质量出现问题时，业主应当向房屋买卖合同的相对方进行维权，而不是要求物业服务人对此承担责任。

同时，《民法典》第九百四十四条第一款还规定，物业服务人已经按照约定和有关规定提供了物业服务的，业主就应当支付物业费。在上面的案例中，林先生已经接受了物业公司的服务，在物业公司没有违反物业服务合同约定的情况下，他就应当按照约定向物业公司支付物业费用。对于林先生的行为，该小区物业公司可以根据本条第二款的规定，对林先生进行催告。如果林先生在合理期限内仍然拒交物业费的，物业公司可以对他提起诉讼或申请仲裁。

法条链接

《中华人民共和国民法典》

第九百三十七条第一款　物业服务合同是物业服务人在物业服务区域内，为业主提供建筑物及其附属设施的维修养护、环境卫生和相关秩序的管理维护等物业服务，业主支付物业费的合同。

第九百四十四条第一款、第二款　业主应当按照约定向物业服务人支付物业费。物业服务人已经按照约定和有关规定提供服务的，业主不得以未接受或者无需接受相关物业服务为由拒绝支付物业费。

业主违反约定逾期不支付物业费的，物业服务人可以催告其在合理期限内支付；合理期限届满仍不支付的，物业服务人可以提起诉讼或者申请仲裁。

律师忠告

在实践中，应特别注意房屋买卖合同与物业服务合同的区分。物业服务人和业主应当在物业服务合同约定的范围内，依法履行义务，享有权利。

28. 业主因对物业工作人员不满意而拒交物业费的行为是否合法？

案例在线

宋女士结婚后，与丈夫一起在某小区购买了一套住房。一天，宋女士因工作需要，加班到很晚，回家时已经是深夜了。在小区门口，执勤的保安是刚上任不久的任某。任某没有认出宋女士是本小区的业主，便将宋女士拦下，对她进行了盘问。宋女士对此十分不满，认为物业公司对保安人员的培训不到位，便将任某投诉到了物业公司。但是，面对宋女士的投诉，物业公司却表示，任某的行为只是在正常履行职责，并不存在工作失误。争执间，宋女士与物业经理发生了争吵。事后，宋女士非常气愤，对物业公司愈加不满，便拒绝支付物业费。那么，宋女士这种因对物业工作人员感到不满便拒绝支付物业费的行为是否合法？

法律解析

根据《民法典》第九百四十四条第一款的规定，只要物业服务人按照物业服务合同约定以及相关法律规定合规地提供了物业服务，业主就应当履行支付物业费的义务。物业服务合同是物业服务人与全体业主之间签订的合同，物业服务人提供的服务也是针对全体业主的，具有整体性。如果只是业主个人对物业公司的某个工作人员或者某项服务不满意而拒绝支付物业费，这样的行为给个别业主带来的利益小于对全体业主带来的损害，是不合理的。如果物业工作人员的职务行为确实违反了物业服务合同的约定，给业主造成了实质性的损害，业主可以以此对物业公司提起诉讼，要求物业公司进行赔偿。

在上面的案例中，宋女士因与物业的工作人员发生争执而拒交物业费用，是不正确的。对于宋女士的行为，该小区物业可以依据《民法典》第九百四十四条第二款的规定，依法要求宋女士支付物业费。而宋女士对物业工作人员的不满，可以与物业公司进行协商解决。如果确实存在侵权行为，还可以诉诸法律。

法条链接

《中华人民共和国民法典》

第九百四十四条第一款、第二款 业主应当按照约定向物业服务人支付物业费。物业服务人已经按照约定和有关规定提供服务的，业主不得以未接受或者无需接受相关物业服务为由拒绝支付物业费。

业主违反约定逾期不支付物业费的，物业服务人可以催告其在合理期限内支付；合理期限届满仍不支付的，物业服务人可以提起诉讼或者申请仲裁。

律师忠告

当出现业主拒绝支付物业费的情形时，应当具体问题具体分析，主要看物业服务企业究竟是否按照物业服务合同约定履行了相应的义务，如果履行了相应的义务，业主应当支付物业费。

29. 租户不交纳物业费，房东是否承担连带责任？

案例在线

方先生大学毕业后留在大城市工作，在地铁站附近的郁金香小区租住了杨女士的房屋。杨女士在购房时就与郁金香小区的物业公司Z公司签订了物业服务合同，约定由Z公司提供相应的物业服务，而杨女士按照房屋的建筑面积，每月交纳2.5元/平方米的物业服务费用。方先生与杨女士签订租房合同时，在租房合同中约定由方先生承担相应的物业服务费用，由方先生每月直接向Z公司交纳。上半年，方先生因工作安排长期在外出差，只是偶尔回去居住，一直没有交纳物业服务费用，Z公司没有联系上方先生，于是就找到了杨女士，要求杨女士交纳，而杨女士表示拒绝。那么，租户不交纳物业费，房东是否应承担连带责任？

法律解析

租户不交纳物业费时，房东应当承担连带责任。对此，《物业管理条例》第四十一条已经进行了明确规定。虽然该条规定房东与租户可以自由约定由谁交纳物业费用，但是该法条同时规定了业主的连带责任。如果租房合同中约定物业费用由租户交纳，而租户拒绝交纳时，由房东负担连带交纳责任，之后房东可以根据租房合同向租户追偿已交纳的费用。

在上面的案例中，Z公司无法联系到租户方先生，那么就可以要求杨女士承担连带交纳责任，杨女士在交纳物业费用之后，可以根据租房合同约定再向方先生追偿。

法条链接

《物业管理条例》

第四十一条　业主应当根据物业服务合同的约定交纳物业服务费用。业主与物业使用人约定由物业使用人交纳物业服务费用的，从其约定，业主负连带交纳责任。

已竣工但尚未出售或者尚未交给物业买受人的物业，物业服务费用由建设单位交纳。

律师忠告

业主和实际的物业使用人可以自由约定,到底由谁交纳物业服务费用,但当其约定由物业使用人交纳物业服务费用时,业主应当承担连带交纳责任。在实际的物业使用人不交纳物业服务费用时,物业公司可以要求业主交纳,这样就很好地保护了物业公司的利益,避免物业公司提供了物业服务而无法收到相应服务费用的情形。

30. 物业服务合同到期而物业公司继续提供服务的,业主需要支付物业费吗?

案例在线

富强物业公司受 Q 小区委托,为 Q 小区的业主提供物业服务,并签订了为期 5 年的物业服务合同。在此期间,富强物业公司的服务态度较为消极,经常引起业主的不满。5 年物业服务合同期满后,业主们经过表决,决定另聘新的物业公司。在新物业公司接管前,则由富强物业公司继续为 Q 小区提供物业服务。新的物业公司到任后,富强物业公司与新物业公司完成了交接,并要求 Q 小区的业主支付原合同到期后这一段时间的物业费用。但是大部分业主都认为,Q 小区与富强物业公司之间的物业服务合同早已到期,他们没有义务继续向富强物业公司支付物业费。那么,业主的说法是否有法律依据?

法律解析

本案中 Q 小区业主的说法并无法律依据,业主依然需要向富强物业公司支付物业费。根据《民法典》第九百五十条的规定，物业服务合同终止后，原物业服务人在新物业服务人接管之前应当继续提供物业服务，并有权要求业主支付该期间产生的物业费用。该规定属于物业服务人应当履行的后合同义务，但这并不代表其提供的物业服务是无偿的。只要物业服务人按照约定提供了服务，业主就应当支付相应的物业费。

在上面的案例中，富强物业公司与 Q 小区之间的物业服务合同到期后，依法履行了其应当履行的后合同义务，在新的物业公司接管前为 Q 小区的业主提供了物业服务。因此，业主不得以物业合同已经终止，其与富强物业公司之间不再存在权利义务关系为由，拒绝支付物业费。如果业主经催缴后仍不支付物业费的，富强物业公司也可以向法院提起诉讼。

法条链接

《中华人民共和国民法典》

第九百五十条　物业服务合同终止后，在业主或者业主大会选聘的新物业服务人或者决定自行管理的业主接管之前，原物业服务人应当继续处理物业服务事项，并可以请求业主支付该期间的物业费。

律师忠告

物业服务合同到期后，原物业服务人应当在新物业服务人接管前继续对业主提供服务。既然物业服务人已经提供了物业服务，就理所应当享有获得报酬的权利。同时应当注意的是，在此期间为业主提供服务是原物业服务人的法定义务，不得因业主不支付物业费而拒绝履行。如果业主不支付物业费，物业公司可以依法索要。

31. 物业公司能否以停电的方式催交物业费？

案例在线

　　阮先生是椰子小区某房屋的业主，M 公司是椰子小区的物业服务公司。今年上半年，阮先生的公司接到了一个非常大的项目，因此他们整个部门的人都变得非常繁忙，天天早出晚归，周末也时常加班。也正是因为阮先生这段时间工作繁忙的原因，导致 M 公司的工作人员每次上门收取物业费都没能成功，而阮先生也因工作繁忙而忘记交纳物业费。M 公司在持续半年未收到阮先生的物业费后，一气之下，给阮先生家停了电，想以此催促阮先生交纳物业费。那么，物业公司能否以停电的方式催交物业费？

法律解析

　　物业公司不能以停电的方式催交物业费。对此，《民法典》第九百四十四条第二款、第三款有着明确的规定，即物业公司应当通过催告的方式来催促业主交纳物业费用，如果业主拒绝交纳的，物业公司只能够通过诉讼、仲裁等合法手段来维护自己的权利，而并不能采用停电、停水等非法方式来督促业主交纳物业费用。物业公司并无权停水、停电，其擅自停水、停电的行为是侵犯业主利益的行为。

　　因此，在上面的案例中，虽然阮先生长期未交物业费，但 M 公司只能够通过各种方式联系阮先生并催告其尽快交纳物业费，M 公司擅自停电的行为是违法的。如阮先生在 M 公司催告其交纳物业费后仍拒绝交纳的，M 公司可以通过起诉等合法方式来维护自己的权益。

法条链接

《中华人民共和国民法典》

第九百四十四条第二款、第三款 业主违反约定逾期不支付物业费的，物业服务人可以催告其在合理期限内支付；合理期限届满仍不支付的，物业服务人可以提起诉讼或者申请仲裁。

物业服务人不得采取停止供电、供水、供热、供燃气等方式催交物业费。

律师忠告

虽然物业公司有根据物业服务合同的约定按时按量收取物业服务费用的权利，但其仅能在法律允许的框架范围内来主张自己的权利，如以催告、起诉等合法方式进行主张。物业公司并不能采用停电、停水等非法方式来主张物业费用。

32. 业主拖欠物业费的，物业公司能否未经催要直接起诉？

案例在线

孟先生在位于 H 省的 P 小区购买了一套住房。没想到，新房刚装修完毕，公司就下达了调职通知，将孟先生调到 L 省工作。由于公司给出的待遇很好，孟先生便同意前往外省赴任，刚装修好的房屋也就闲置下来。调职后，孟先生的工作十分繁忙，经常加班，只有过年才能回 H 省住几天。年后，P 小区的物业公司向孟先生发送了一份账单，列出了一年的物业费明细，要求孟先生在约定期限内将物业费交齐。但是，孟先生认为自己这一年一直在外省，都没怎么回来住，根本没有接受物业提供的服务，不需要支付物业费。物业公司见孟先生拒绝支付物业费，未经催要，直接将孟先生告上了法庭。那么，物业公司直接起诉业主的行为是否合理？

法律解析

当业主拖欠或拒交物业费时，物业服务人可以对业主提起诉讼，但必须经过法定的催要程序。根据《民法典》第九百四十四条第一款的规定，只要物业服务人按照物业服务合同的约定提供了物业服务的，业主就应当向其支付物业费，不得以未接受物业服务为由拒绝支付物业费。对于拒交物业费的业主，物业服务人可以根据《物业管理条例》第六十四条和《民法典》第九百四十四条第二款的规定，先对业主进行催要，要求业主在合理期限内将物业费交清。如果逾期业主仍然不支付物业费，物业服务人才能对业主提起诉讼。

在上面的案例中，孟先生以自己未接受物业公司的服务为由拒交物业费，这种行为是不合理的。物业公司应当先给孟先生设定一个期限，要求其在该期限内补交物业费，并由业主委员会进行监督。孟先生在此期限到期后仍不支付物业费的，物业公司才能够向法院起诉。

法条链接

《中华人民共和国民法典》

第九百四十四条第一款、第二款　业主应当按照约定向物业服务人支付物业费。物业服务人已经按照约定和有关规定提供服务的，业主不得以未接受或者无需接受相关物业服务为由拒绝支付物业费。

业主违反约定逾期不支付物业费的，物业服务人可以催告其在合理期限内支付；合理期限届满仍不支付的，物业服务人可以提起诉讼或者申请仲裁。

《物业管理条例》

第六十四条　违反物业服务合同约定，业主逾期不交纳物业服务费用的，业主委员会应当督促其限期交纳；逾期仍不交纳的，物业服务企业可以向人民法院起诉。

律师忠告

因向业主提供物业服务而取得报酬是物业服务人的合法权利，业主无正当理由拖欠物业费的行为不合法也不合理，物业服务人有权进行维权。但是，在维权过程中，物业服务人也应当格外注意维权的具体程序。

第四章　物业管理服务与设施维护

33. 物业公司是否应当定期向业主公布服务事项？

案例在线

　　达达物业公司是幸福小区的物业服务人，签订物业服务合同的两年来，达达物业公司从未主动向住户公布其具体的服务事项。每当有业主要求物业公司提供服务时，达达物业公司都以该事项并不在服务事项中为由进行推脱。时间一长，住户都对达达物业公司十分不满，感觉自己并没有享受到作为业主的权利。业主共同来到物业，要求达达物业公司公开具体服务事项并作出详细说明。但物业却表示，业主并不了解物业服务，作为专业的物业服务公司，只需要提供服务，无须将服务事项公布给并不专业的业主。那么，物业公司是否应当定期向业主公布服务事项？应当公布哪些事项呢？

法律解析

　　通常情况下，根据物业服务合同的约定，物业服务人负有向业主提供服务的义务，业主对物业服务人的服务事项享有知情权。《民法典》第九百四十三条明确规定，物业服务人应当定期将服务的事项、负责人员、质量要求、收费项目、收费标准、履行情况，以及维修资金使用情况、业主共有部分的经营与收益情况等以合理方式向业主公开并向业主大会、业主委员会报告。从此条规定可以看出，服务事项、负责人员、质量要求、收费项目、收费标准、履行情况等都是物业服务人应当定期向业主公布的事项。这些服务事项都直接关系到业主的合法权益，作为物业服务人应当定期以公告等方式向业主进行说明，主动维护业主的权益。事实上，公布这些服务事项既能向业主说明自己的服务内容，也利于自身权益的保护，避免业主不合理的要求，防止业主欠交、不交物业费用。

在上述案例中，达达物业公司拒绝将具体服务事项向业主公布，此行为违反法律的规定，也侵害了业主的知情权。业主大会和业主委员会可以对物业公司进行监督，要求物业定期公布服务事项。物业公司也应当遵守法律的规定和物业服务合同的约定，履行好自己的义务。

法条链接

《中华人民共和国民法典》

第九百四十三条 物业服务人应当定期将服务的事项、负责人员、质量要求、收费项目、收费标准、履行情况，以及维修资金使用情况、业主共有部分的经营与收益情况等以合理方式向业主公开并向业主大会、业主委员会报告。

律师忠告

物业管理公司作为小区中业主共有部分的代管人，对小区内共有部分享有一定的维护处分的权利，同时也需要就自己的处置行为向全体业主负责，相应的，定期向业主公开服务事项，则是其向业主汇报工作的有效方式，也可以避免一些纠纷和麻烦。

34. 住户购买房屋并已经入住，但尚未办理过户手续的，物业是否可以拒绝为其服务？

案例在线

　　F小区的业主李女士因出国工作，决定将自己装修好刚半年的房子卖掉。王先生看到李女士的售房信息后，对李女士的房子感到很满意，两人很快就签订了购房合同。由于李女士工作繁忙，便和王先生约定三周后再办理房屋过户手续。王先生第二天就带着家人搬进了新居内。居住几天后，王先生发现家中的管道出了一些问题，便向物业公司反映，要求物业派人上门维修。但是，物业公司迟迟没有派维修人员上门，王先生只能联系其他管道维修公司对家中管道进行维修。事后，王先生找到物业公司，询问此事。物业公司却表示，王先生的房屋还未办理过户手续，不属于本小区业主，物业公司没有义务为王先生提供服务。那么，物业公司的说法是否有法律依据？

法律解析

　　本案中物业公司的说法并无法律依据。从房屋买卖实践来看，与签订购房合同相比，办理房屋过户手续往往具有滞后性，但这并不影响购房人对房屋享有的居住和管理权利。根据《民法典》第二百七十一条和第二百七十三条的规定，业主对建筑物内的住宅、经营性用房等专有部分享有所有权，对专有部分以外的共有部分享有共有和共同管理的权利。业主转让建筑物内的住宅、经营性用房，其对共有部分享有的共有和共同管理的权利一并转让。从这些规定可以看出，当业主转让自己的房屋时，其在本物业管理区域内享有的全部权利应当一并转让，这一规定并没有以是否办理房屋过户手续作为限制性条件。

　　在上面的案例中，王先生购买李女士的房屋后先行入住，并与李女士约定三周后再办理房屋过户手续，他们之间的房屋买卖是符合法律规定的。从李女士和王先生的合意来看，在签订房屋买卖合同时，两人之间就已经达成了实际上的房屋转让关系，李女士已经把自己在房屋上所享有的权利转让给了王先生，王先生当然享有小区物业服务的权利。况且，如果物业仅仅以业主尚未拿到房产证为由拒绝为业主服务，也并不利于实际生活中物业对本小区的管理。总之，物业不应当以业主尚未办理房屋过户手续为由，拒绝为业主提供服务。

法条链接

《中华人民共和国民法典》

第二百七十一条 业主对建筑物内的住宅、经营性用房等专有部分享有所有权，对专有部分以外的共有部分享有共有和共同管理的权利。

第二百七十三条 业主对建筑物专有部分以外的共有部分，享有权利，承担义务；不得以放弃权利为由不履行义务。

业主转让建筑物内的住宅、经营性用房，其对共有部分享有的共有和共同管理的权利一并转让。

律师忠告

物业服务公司在面对本案中的情况时，应当灵活应对，以更好、更便捷地履行物业服务合同为前提来开展物业服务和管理活动，不应在一些事情上钻牛角尖，以免引起纠纷和麻烦。

35. 物业公司是否应当及时对小区内的健身器材进行维修养护？

案例在线

　　某小区业主刘大爷退休在家，平时很注重自己的身体健康，每天早上都会到小区里的健身广场锻炼身体。这两年，刘大爷大多数时间在外地的女儿家居住，不常来小区的健身广场了。可是有一天，刘大爷来到小区健身广场准备锻炼身体时，发现广场上的一健身器材因为磨损而无法使用。于是，刘大爷向物业公司反映了此事，物业公司也保证会尽快派人维修。过了一星期，小区内又有其他业主发现健身器材损坏，纷纷催促物业公司，要求尽快维修。物业公司口头答应维修，但始终以各种理由一拖再拖。过了几天，该小区的一名儿童在使用某健身器材时，因该健身器材主体断裂，摔伤手臂。那么，物业公司是否应当对自己未及时维修健身器材的行为负责任？

法律解析

　　根据《民法典》第九百三十七条第一款的规定，为业主提供建筑物及其附属设施的维修养护、环境卫生和相关秩序的管理维护等物业服务是物业服务合同的法定内容，物业服务人应当及时全面履行相关服务义务。同时，《民法典》第九百四十二条第一款规定，物业服务人应当按照约定和物业的使用性质，妥善维修、养护、清洁、绿化和经营管理物业服务区域内的业主共有部分，维护物业服务区域内的基本秩序，采取合理措施保护业主的人身、财产安全。由此可见，对于物业服务区域内的公共设施进行及时的维修养护同样是物业服务人的义务。如果物业服务人未及时对公共设施进行维护而导致业主损害，物业服务人应当承担损害赔偿责任。

　　在上述案例中，刘大爷发现小区的健身器材老化、损坏，第一时间通知物业，要求物业进行维修。同时，该小区的其他业主也对物业进行了多番催促。但是，物业在明知健身器材老化、损坏，可能致人损伤的情况下，依然没有及时地履行自己的维修义务。此种行为违反了法律的规定，物业应当对业主受伤的行为承担赔偿责任。

法条链接

《中华人民共和国民法典》

第九百三十七第一款　物业服务合同是物业服务人在物业服务区域内，为业主提供建筑物及其附属设施的维修养护、环境卫生和相关秩序的管理维护等物业服务，业主支付物业费的合同。

第九百四十二条第一款　物业服务人应当按照约定和物业的使用性质，妥善维修、养护、清洁、绿化和经营管理物业服务区域内的业主共有部分，维护物业服务区域内的基本秩序，采取合理措施保护业主的人身、财产安全。

第一千一百六十五条　行为人因过错侵害他人民事权益造成损害的，应当承担侵权责任。

依照法律规定推定行为人有过错，其不能证明自己没有过错的，应当承担侵权责任。

律师忠告

对于小区内一些使用频次高的公共设施，如健身器材、电梯等，物业公司应该及时进行检修，这是物业公司的法定义务，避免出现伤人事件时陷入纠纷而承担不利的法律后果。

36. 物业公司未及时处理业主的报修申请，应当承担什么责任？

案例在线

　　某小区的业主张先生发现自己家中的厨房下水管道发生了损坏，想要找人维修。张先生记得物业服务合同中约定，如果业主家管道发生损坏，物业公司将在24小时内提供上门维修服务。于是，张先生给物业公司打了电话，描述了家中管道的问题，要求物业公司派维修人员上门维修。但是过了两天，张先生始终没有等到物业公司的维修人员。张先生来到物业公司，想问问究竟是怎么回事。物业公司的负责人却找借口说，维修下水管道的工作人员回老家了，让张先生自己联系其他维修公司。那么，物业公司的做法是否正确？如果张先生的财产或人身权利因此受到损害，物业公司是否应当负责？

法律解析

　　物业公司与业主之间签订了物业服务合同，就应当按照合同约定为业主提供服务。根据《民法典》第九百三十七条第一款的规定，物业服务合同是物业服务人在物业服务区域内，为业主提供建筑物及其附属设施的维修养护、环境卫生和相关秩序的管理维护等物业服务，业主支付物业费的合同。由此可见，物业服务人与业主之间互负义务，既然业主交纳了物业费，物业服务人就应当及时为业主提供服务。而物业服务的内容中，明确包括建筑物及其附属设施的维修养护、环境卫生和相关秩序维护等，物业服务人必须按照规定履行上述服务义务。

　　在上面的案例中，物业公司与业主在物业服务合同中已经约定，在24小时内为业主提供上门维修服务。那么，除不可抗力因素外，物业公司都应当遵守此条约定。如果因未能及时上门维修而给业主造成损失，物业公司也应当承担相应的赔偿责任。

法条链接

《中华人民共和国民法典》

第九百三十七第一款　物业服务合同是物业服务人在物业服务区域内，为业主提供建筑物及其附属设施的维修养护、环境卫生和相关秩序的管理维护等物业服务，业主支付物业费的合同。

律师忠告

物业服务合同的约定内容是物业服务人应当履行的最低限度的义务，这不仅仅是物业服务人与业主之间的权利义务关系所要求的，更是《民法典》诚实信用原则的要求，物业服务人应当遵守。

37. 物业公司是否能对违反业主规章的行为进行罚款？

案例在线

吴女士在某小区购买了一套住宅。入住的时候，小区物业公司向吴女士分发了一本业主手册，载明了业主应当遵守的各种条款，但吴女士并未仔细阅读。吴女士购买的住房位于顶层，开发商向吴女士附赠了顶层天台。吴女士想要利用天台养些花花草草，便使用护栏将天台封闭了起来。物业公司发现此事后，表示吴女士的行为已经违反了业主手册的规定，要求吴女士将护栏拆除。吴女士认为该天台是自己的个人财产，物业公司无权过问，便没有理会物业公司的要求。物业公司见吴女士拒不拆除护栏，便作出对吴女士罚款

1000 元的决定，并在业主群中进行了公告。那么，该物业公司是否有权对业主进行罚款？

法律解析

本案中的物业公司无权对业主进行罚款处罚。根据《行政处罚法》第九条第二项的规定可以看出，罚款是一种行政处罚行为。根据该法第十七条的规定，行政处罚只能由具有行政处罚权的行政机关行使。除具有行政处罚权的行政机关外，其他任何组织或个人都无权对他人实施罚款等行政处罚。物业服务人是对业主提供服务的企业或组织，并不是国家法定的行政机关，不具有行政机关的职能，也不具有行政处罚权。由此可见，无论业主的行为是否违反规定、违反什么规定，都不应当由物业公司对业主进行处罚。

在上面的案例中，吴女士违反业主手册私自在天台搭建栏杆。对于吴女士的行为，物业公司应当对吴女士的行为加以制止，向吴女士说明理由，并要求吴女士将栏杆进行拆除。如果吴女士拒不拆除栏杆，物业公司也可以依据《最高人民法院关于审理物业服务纠纷案件适用法律若干问题的解释》第一条的规定，向法院提起诉讼。

法条链接

《中华人民共和国行政处罚法》

第九条 行政处罚的种类：

……

（二）罚款、没收违法所得、没收非法财物；

……

第十七条 行政处罚由具有行政处罚权的行政机关在法定职权范围内实施。

《最高人民法院关于审理物业服务纠纷案件适用法律若干问题的解释》

第一条　业主违反物业服务合同或者法律、法规、管理规约，实施妨碍物业服务与管理的行为，物业服务人请求业主承担停止侵害、排除妨碍、恢复原状等相应民事责任的，人民法院应予支持。

> **律师忠告**
>
> 物业服务人在履行其对本物业管理区域内的服务和管理职责时，除了要注意维护业主的权利，还应当注意其职责的界限，不得作出不合法的行为，避免诉累。

38. 物业公司是否有义务帮业主代收快递？

案例在线

幸福小区内并未设立快递柜，业主平时不在家时，接收快递比较不方便。于是，当业主不在家时，都会告诉快递员将快递寄放在门卫处。时间一长，门卫处放满了大大小小的快递箱，不仅对门卫的工作造成了一定程度的影响，还额外增加了物业公司的工作负担。一次，某位业主将快递寄放在门卫处后没能及时领取，导致快递丢失，物业公司只能对该业主进行了赔偿。这件事发生后，物业公司便发出了公告，要求业主尽快将已经寄存的快递取回，并表示以后不再帮业主代收快递。大部分业主都对物业公司的决定表示理解，但仍有小部分业主认为代收快递也是物业服务的一部分。那么，物业公司是否有义务帮助业主代收快递呢？

法律解析

根据《民法典》第九百三十七条第一款的规定可知，物业服务人与业主之间的权利义务关系主要是建立在物业服务合同之上的。同时，《民法典》第九百三十八条规定，在物业服务合同中，应当对服务事项、服务质量、服务费用的标准和收取办法、维修资金的使用、服务用房的管理和使用、服务期限、服务交接等事项进行约定。只要是物业合同中约定的服务事项，物业服务人都应当按照约定向业主提供服务，否则应当承担相应的违约责任。如果服务事项未在物业服务合同中载明，也未经物业服务人公开承诺，物业服务人便没有提供该项服务的义务。

在上面的案例中，幸福小区的物业公司认为代收快递增加了其工作负担，于是声明不再帮助业主收取快递。要判断该物业公司是否有帮业主代收快递的义务，主要看物业服务合同中是否约定了相关服务事项，或者该物业公司是否曾经公开允诺过可以代收快递。如果代收快递已经在物业服务合同内容中载明，或者应当视为物业服务合同内容，那么物业公司就应当按照约定帮业主收取快递，其拒绝代收快递的公告也就不具有法律效力。否则，其完全可以拒绝为业主代收快递。

法条链接

《中华人民共和国民法典》

第九百三十七条第一款　物业服务合同是物业服务人在物业服务区域内，为业主提供建筑物及其附属设施的维修养护、环境卫生和相关秩序的管理维护等物业服务，业主支付物业费的合同。

第九百三十八条　物业服务合同的内容一般包括服务事项、服务质量、服务费用的标准和收取办法、维修资金的使用、服务用房的管理和使用、服务期限、服务交接等条款。

物业服务人公开作出的有利于业主的服务承诺，为物业服务合同的组成部分。

物业服务合同应当采用书面形式。

律师忠告

对于并未在物业服务合同中约定的事项，物业服务人并没有履行的义务，可以拒绝业主的不合理请求。但是，物业服务人也应当与业主互相配合，对物业服务区域内的基础设施进行完善，使业主的生活更加便利。

39. 专项维修资金的交纳标准是什么？

案例在线

孟女士工作十年，和丈夫一起攒下了不少积蓄，便决定在本市买一套房子，正式在本市定居下来。夫妻两人观望了一段时间，决定购买位于 N 小区的一套正在进行预售的两居室。很快，孟女士就和开发商签订了房屋买卖合同，并办理了相应手续，进行了房屋登记。两个月后，开发商通知孟女士，房屋已经通过验收，可以办理房屋入住手续了。但在此之前，孟女士需要交纳 1 万元的专项维修资金。孟女士第一次购买住宅，以前从来不知道购房还需要交纳专项维修资金，也不了解开发商的收费是否合理。那么，住宅专项维修资金的交纳标准应当如何确定呢？

法律解析

关于住宅专项维修资金的交纳标准，我国法律进行了明确的规定。《住宅专项维修资金管理办法》第七条和第八条规定，根据住房类型的不同，业主所需交纳的专项维修资金标准也不同。商品住宅、非住宅的业主按照所拥有物业的建筑面积交存住宅专项维修资金，每平方米建筑面积交存首期住宅专项维修资金的数额为当地住宅建筑安装工程每平方米造价的 5% 至 8%。在确定专项维修资金时，各地行政部门还应当根据本地具体情况，对专项维修资金的数额进行适时调整。出售公有住房的业主按照所拥有物业的建筑面积交存住宅专项维修资金，每平方米建筑面积交存首期住宅专项维修资金的数额为当地房改成本价的 2%；售房单位按照多层住宅不低于售房款的 20%、高层住宅不低于售房款的 30%，从售房款中一次性提取住宅专项维修资金。由此可见，居民购买住宅时，确实需要交纳专项维修资金，但该笔费用并不是开发商随意确定的，而是由有关部门根据法律法规以及本地区情况合理确定的。

上面案例中的孟女士可以根据法律的规定，对专项维修资金进行估算，再确认开发商收取的费用是否合理，如果开发商乱收费，孟女士可以向政府部门举报。

法条链接

《住宅专项维修资金管理办法》

第七条　商品住宅的业主、非住宅的业主按照所拥有物业的建筑面积交存住宅专项维修资金，每平方米建筑面积交存首期住宅专项维修资金的数额为当地住宅建筑安装工程每平方米造价的 5% 至 8%。

直辖市、市、县人民政府建设（房地产）主管部门应当根据本地区情况，合理确定、公布每平方米建筑面积交存首期住宅专项维修资金的数额，并适时调整。

第八条 出售公有住房的，按照下列规定交存住宅专项维修资金：

（一）业主按照所拥有物业的建筑面积交存住宅专项维修资金，每平方米建筑面积交存首期住宅专项维修资金的数额为当地房改成本价的2%。

（二）售房单位按照多层住宅不低于售房款的20%、高层住宅不低于售房款的30%，从售房款中一次性提取住宅专项维修资金。

律师忠告

专项维修资金，是指专项用于住宅共用部位、共用设施设备保修期满后的维修和更新、改造的资金。对于专项维修资金，应当严格按照法律规定的比例收缴，不得擅自确定数额。

40. 小区内的观赏性设施可以使用专项维修资金维修吗？

案例在线

牛先生是某小区的业主，一天下班时，他发现小区内广场上的观赏性喷泉已经损坏，水流断断续续，无法正常运作。牛先生的家人和邻居都非常喜欢这个喷泉，经常在晚饭后来到广场附近遛弯，观赏喷泉。于是，牛先生联系了本小区的业主委员会，要求开业主大会的时候提议使用专项维修资金，对喷泉进行维修。但是，业主委员会却表示，维修喷泉并不在专项维修资金的使用范围内，这个提议不合适，如果牛先生想要维修喷泉，需要动员全体业主，单独筹集喷泉的维修费用。那么，业主委员会的说法是否正确？

法律解析

《住宅专项维修资金管理办法》第二条第二款规定，住宅专项维修资金是指专项用于住宅共用部位、共用设施设备保修期满后的维修和更新、改造的资金。该办法第三条对住宅共用部位和共用设施设备进行了进一步的阐述，住宅共用部位是指根据法律、法规和房屋买卖合同，由单幢住宅内业主或者单幢住宅内业主及与之结构相连的非住宅业主共有的部位，一般包括：住宅的基础、承重墙体、柱、梁、楼板、屋顶以及户外的墙面、门厅、楼梯间、走廊通道等。而共用设施设备是指根据法律、法规和房屋买卖合同，由住宅业主或者住宅业主及有关非住宅业主共有的附属设施设备，一般包括电梯、天线、照明、消防设施、绿地、道路、路灯、沟渠、池、井、非经营性车场车库、公益性文体设施和共用设施设备使用的房屋等。由此可见，只要是上述规定中涉及的共有部分，都可以使用专项维修资金进行维修养护。

在上面的案例中，牛先生要求使用专项维修资金对小区内的喷泉进行维修。喷泉具有观赏性，能给居民带来视觉享受，可归于文化设施，且属于业主共用的设施设备，依据法律规定，可以使用专项维修资金来维修。

法条链接

《住宅专项维修资金管理办法》

第二条第二款　本办法所称住宅专项维修资金，是指专项用于住宅共用部位、共用设施设备保修期满后的维修和更新、改造的资金。

第三条　本办法所称住宅共用部位，是指根据法律、法规和房屋买卖合同，由单幢住宅内业主或者单幢住宅内业主及与之结构相连的非住宅业主共有的部位，一般包括：住宅的基础、承重墙体、柱、梁、楼板、屋顶以及户外的墙面、门厅、楼梯间、走廊通道等。

本办法所称共用设施设备，是指根据法律、法规和房屋买卖合同，由住宅业主或者住宅业主及有关非住宅业主共有的附属设施设备，一般包括电梯、天线、照明、消防设施、绿地、道路、路灯、沟渠、池、井、非经营性车场车库、公益性文体设施和共用设施设备使用的房屋等。

律师忠告

住宅专项维修资金管理实行专户存储、专款专用、所有权人决策、政府监督的原则，物业公司和业主大会不得任意将专项维修资金挪作他用。

41. 业主大会未成立时，应当如何决定是否使用专项维修资金？

案例在线

D小区建成后有些年头了，但是由于远离市区，入住率还不高，尚未成立业主大会，平时有什么公共事项，都由业主在业主群讨论后共同决定。一天，小区的业主胡女士发现大楼内的电梯因一些装修公司运送材料，造成了很多很深的划痕，看着很是碍眼，并且电梯的一些按键也不够灵敏。胡女士想到入住时交纳了专项维修资金，应该能够用来维修电梯，便在业主群中提议使用专项维修资金对电梯进行修复和维修。但是，其他业主对此众说纷纭，始终无法达成统一意见，而业主大会也还未成立。那么，在业主大会尚未成立的时候，业主的专项维修资金应当如何决定使用呢？

法律解析

根据《民法典》第二百八十一条的规定，建筑物及其附属设施的维修资金，属于业主共有。业主可以共同决定将维修资金用于电梯、屋顶、外墙、无障碍设施等共有部分的维修、更新和改造。由此可见，业主对专项维修资金享有共同共有的权利，有权对维修资金如何使用作出决定。那么，在尚未成立业主大会时，业主该如何对此事项进行表决呢？《民法典》第二百七十八条第二款规定，业主共同决定使用建筑物及其附属设施的维修资金，应当由专有部分面积占比三分之二以上的业主且人数占比三分之二以上的业主参与表决。

在上面的案例中，D小区尚未成立业主大会，此时胡女士想要使用专项维修资金维修电梯的话，可以在业主群内组织业主对此事进行表决，根据表决结果形成书面文件后，决定是否需要使用专项维修资金。

法条链接

《中华人民共和国民法典》
第二百七十八条　下列事项由业主共同决定：

……

（五）使用建筑物及其附属设施的维修资金；

……

业主共同决定事项，应当由专有部分面积占比三分之二以上的业主且人数占比三分之二以上的业主参与表决。决定前款第六项至第八项规定的事项，应当经参与表决专有部分面积四分之三以上的业主且参与表决人数四分之三以上的业主同意。决定前款其他事项，应当经参与表决专有部分面积过半数的业主且参与表决人数过半数的业主同意。

第二百八十一条　建筑物及其附属设施的维修资金，属于业主共有。经业主共同决定，可以用于电梯、屋顶、外墙、无障碍设施等共有部分的维修、更新和改造。建筑物及其附属设施的维修资金的筹集、使用情况应当定期公布。

紧急情况下需要维修建筑物及其附属设施的，业主大会或者业主委员会可以依法申请使用建筑物及其附属设施的维修资金。

律师忠告

专项维修资金的作用是维修、更新和改造保修期满后的住宅共用部位和共用设施设备，属于所有业主共有，在使用时理应由全体业主共同进行决定。

42. 业主将房屋转卖后，其交纳的专项维修资金是否应当退回？

案例在线

十年前，吴先生在某小区购买了一套房屋。如今，吴先生的儿子就要上小学了，为了方便孩子上学，吴先生决定将房子卖掉，在学校附近购买一套学区房。吴先生将售房信息发布在网上，很快就找到了合适的买家。买家来看过吴先生的房子后，表示很满意，两人很快就签订了房屋买卖合同。在为买家办理过户手续前，吴先生突然想到自己交纳的专项维修资金。他想，我已经不是这里的业主了，没用完的专项维修资金应该退还给我。吴先生联系了业主委员会，要求退回他交纳的尚未使用的专项维修资金。那么，吴先生的请求是否符合法律的规定？业主在转让房屋后，其交纳的专项维修资金应当如何处理？

法律解析

根据《住宅专项维修资金管理办法》第二十八条的规定，在房屋所有权转让时，业主应当向受让人说明住宅专项维修资金交存和结余情况并出具有效证明，该房屋分户账中结余的住宅专项维修资金随房屋所有权同时过户。受让人应当持住宅专项维修资金过户的协议、房屋权属证书、身份证等到专户管理银行办理分户账更名手续。从此条规定可以看出，业主将房屋转让后，其交纳的专项维修资金并不能直接退回，而是应当与房屋一起过户给房屋买受人。对此，业主可以在房屋买卖时，与房屋买受人进行协商约定这笔费用，可以一并折算在房款中，以维护自身合法权益。

　　在上面的案例中，吴先生将房屋转卖，根据法律的规定，他并不能要求直接退还已交纳的专项维修资金。吴先生可以向房屋买受人说明专项维修资金的使用和结余情况，并向买受人出具证明，将专项维修资金合并在购房款内，直接将专项维修资金随房屋一起过户给买受人。

法条链接

《住宅专项维修资金管理办法》

　　第二十八条　房屋所有权转让时，业主应当向受让人说明住宅专项维修资金交存和结余情况并出具有效证明，该房屋分户账中结余的住宅专项维修资金随房屋所有权同时过户。

　　受让人应当持住宅专项维修资金过户的协议、房屋权属证书、身份证等到专户管理银行办理分户账更名手续。

律师忠告

　　业主在转让房屋时，其在房屋上所享有的一切权利均应一同转让。房屋转让后，原业主不再对该住宅共有部分享有权利，其交纳的专项维修资金自然应当一并进行过户。

第五章　小区公共部分管理

43. 物业可以随意将小区内的绿化区改造为停车场吗？

随着住户越来越多，花园小区地下车库的车位也开始供不应求，不少有意向在花园小区购买住房的人都因为这件事打消了在这里安家的念头。为了能够增加入住率，物业公司决定在地面上开辟新的停车场，住户也对这个决定表示支持。物业公司对小区内的公共面积进行一番规划后，认为将小区中央的绿地改为停车场最为合适。物业公司认为，反正业主也同意在地面上增设停车场，改造绿地的事情无须再次征询业主意见。于是，物业公司擅自将绿地铲平，准备建设停车场。业主知道此事后，都认为物业公司应当事先征求业主同意，业主都不愿意减少绿地面积，纷纷要求物业公司将绿地恢复原状。那么，物业公司的行为是否符合法律规定？

法律解析

物业公司的行为是不符合法律规定的。根据《民法典》第二百七十八条的规定，改变共有部分的用途或者利用共有部分从事经营活动，应当经参与表决专有部分面积四分之三以上的业主且参与表决人数四分之三以上的业主同意。同时，《物业管理条例》第四十九条规定，物业管理区域内按照规划建设的公共建筑和共用设施，不得改变用途。如果业主依法确需改变公共建筑和共用设施用途的，应当在依法办理有关手续后告知物业服务企业；物业服务企业确需改变公共建筑和共用设施用途的，应当提请业主大会讨论决定同意后，由业主依法办理有关手续。由此可见，在改变公共部分用途时，征求业主同意是法律的要求，物业公司不得在未经业主同意的情况下擅自改造公共区域。

在上面的案例中，物业公司误认为只要业主同意增设停车场，便可以不经业主同意就改造小区内的公共绿地。实际上，这种行为侵犯了业主对共有部分的管理权，是违反法律规定的。对于物业公司的行为，可以依照《物业管理条例》第六十三条第一款第一项的规定，由县级以上地方人民政府房地产行政主管部门责令物业公司限期改正，给予警告，并处以罚款。

法条链接

《中华人民共和国民法典》

第二百七十八条　下列事项由业主共同决定：

......

（八）改变共有部分的用途或者利用共有部分从事经营活动；

......

业主共同决定事项，应当由专有部分面积占比三分之二以上的业主且人数占比三分之二以上的业主参与表决。决定前款第六项至第八项规定的事项，应当经参与表决专有部分面积四分之三以上的业主且参与表决人数四分之三以上的业主同意。决定前款其他事项，应当经参与表决专有部分面积过半数的业主且参与表决人数过半数的业主同意。

《物业管理条例》

第四十九条　物业管理区域内按照规划建设的公共建筑和共用设施，不得改变用途。

业主依法确需改变公共建筑和共用设施用途的，应当在依法办理有关手续后告知物业服务企业；物业服务企业确需改变公共建筑和共用设施用途的，应当提请业主大会讨论决定同意后，由业主依法办理有关手续。

第六十三条第一款 违反本条例的规定，有下列行为之一的，由县级以上地方人民政府房地产行政主管部门责令限期改正，给予警告，并按照本条第二款的规定处以罚款；所得收益，用于物业管理区域内物业共用部位、共用设施设备的维修、养护，剩余部分按照业主大会的决定使用：

（一）擅自改变物业管理区域内按照规划建设的公共建筑和共用设施用途的；

......

律师忠告

小区内的公共绿地作为业主的共有部分，由全体业主共同享有所有权，应当由业主共同进行管理，物业服务人无权擅自改变公共绿地的用途。

44. 在小区内共有部分投放广告所得的收益应当归谁所有？

案例在线

A 物业公司负责为某高档小区提供物业服务，B 广告公司认为该小区内居住的居民消费能力较强，如果能在小区内投放广告，应该能取得不菲的收益。于是，B 广告公司联系到 A 物业公司，提出想要在小区的电梯内投放广告，约定每年向 A 物业公司支付一定的广告费用。A 物业公司将此事告知了业主，并征求业主意见。业主都认为利用电梯挣取一些广告费用是一件双赢的事，于是同意 B 广告公司在电梯中投放广告。年底时，B 广告公司按照合同约定，向 A 物业公司支付了一大笔广告费。A 物业公司随后便将这笔钱作为年终奖发放给了本公司的员工。那么，

A 物业公司的做法是否正确？在小区共有部分投放广告所得收益应当归谁所有？

法律解析

根据《民法典》第二百七十一条、第二百八十二条，以及《物业管理条例》第五十四条的规定，业主对建筑共有部分享有共有和共同管理的权利，利用共有部分进行经营应当经过全体业主同意，产生的收入在扣除合理成本之后应当由业主共有，在用途上既可以用于补充专项维修资金，也可以在业主大会的决定下用于其他用途。

在上面的案例中，A 物业公司在征得业主同意之后，与 B 广告公司之间达成了投放广告的合同，利用小区内的共有部分——电梯来投放广告，进行经营活动，这是法律允许的，A 物业公司的做法也是正确的。但是，在取得收益后，A 物业公司并未将这笔收益用于补充专项维修资金或交给业主大会支配，而是擅自作为年终奖发放给了本公司的员工，这是法律所不允许的，侵害了小区全体业主的合法权益。A 物业公司应将这笔钱在扣除合理成本后如数交出，按照法律规定用来补充专项维修资金，或根据业主大会的决定使用。

法条链接

《中华人民共和国民法典》

第二百七十一条　业主对建筑物内的住宅、经营性用房等专有部分享有所有权，对专有部分以外的共有部分享有共有和共同管理的权利。

第二百八十二条　建设单位、物业服务企业或者其他管理人等利用业主的共有部分产生的收入，在扣除合理成本之后，属于业主共有。

《物业管理条例》

第五十四条　利用物业共用部位、共用设施设备进行经营的，应当在征得相关业主、业主大会、物业服务企业的同意后，按照规定办理有关手续。业主所得收益应当主要用于补充专项维修资金，也可以按照业主大会的决定使用。

律师忠告

法律允许物业公司利用业主的共有部分进行经营，但是必须经由业主表决后才能决定，因此产生的收益，物业公司有权扣除合理成本，但最终支配使用权仍归业主，物业服务人不得擅自支配该经营所得的收益。

45. 小区内设有电梯，物业公司却不开放使用，是否合法？

案例在线

半年前，付先生在四季小区购买了一套住房，与年迈的父母共同在此居住。该小区的楼层总共为八层，并配有电梯，但电梯并未投入使用。付先生家住在顶楼八层，父母上了年纪腿脚不便，每天出行都是不小的问题。而付先生自己每天下班后，仍然需要拖着疲惫的身躯爬上八楼。时间一长，付先生认为这样的生活多有不便，便向物业公司反映了这些问题，并要求将电梯开放使用。但物业公司却表示，目前无法协调低层住户与高层住户之间的意见，如果开放使用电梯，产生的运行和维护费用将是一笔不小的开销，而这笔钱该由谁来支付还没有定论。那么，明明设有电梯，物业公司却不开放使用的行为是否合法？

法律解析

业主购买房屋以后，不仅对建筑专有部分享有所有权，也对小区内其他公共部分享有共同管理和共同使用的权利。小区里设立的一切公共设施，业主都是有权使用的。根据《民法典》第九百三十七条第一款的规定，物业服务人的职责主要是为业主提供建筑物及其附属设施的维修养护、环境卫生和相关秩序的管理维护等物业服务，并没有权利代替业主决定公共设施的使用问题。

在上面的案例中，付先生所居住的四季小区既然配备了电梯，就是为了使住户的生活更加方便。电梯是小区内的公共设施，业主有权对电梯进行管理和使用。物业公司需要做的，就是保证电梯能够正常运行，在合理的期限内定期对电梯进行维护。而对电梯进行维护的费用，只需要从业主的专项维修资金中支取即可。由此可见，本案中物业公司不开放电梯的行为是不合法的。

法条链接

《中华人民共和国民法典》

第九百三十七条第一款 物业服务合同是物业服务人在物业服务区域内，为业主提供建筑物及其附属设施的维修养护、环境卫生和相关秩序的管理维护等物业服务，业主支付物业费的合同。

《物业管理条例》

第五十三条 住宅物业、住宅小区内的非住宅物业或者与单幢住宅楼结构相连的非住宅物业的业主，应当按照国家有关规定交纳专项维修资金。

专项维修资金属于业主所有，专项用于物业保修期满后物业共用部位、共用设施设备的维修和更新、改造，不得挪作他用。

专项维修资金收取、使用、管理的办法由国务院建设行政主管部门会同国务院财政部门制定。

律师忠告

　　物业服务人应当注意的是，其职责是接受业主的委托对物业服务区域进行管理，只享有管理权限，而不享有对小区内的共有部分及其设施进行支配的权限。小区内公共部分及其设施的管理权和使用权属于业主，业主有权决定公共部分是否投入使用，物业服务人也应当与业主互相配合。

46. 业主是否能擅自将住宅改为经营性用房？

案例在线

　　徐先生是一名小有积蓄的生意人，曾经在 L 小区购买过相邻的两套住房。近几年来，行业发展变化日新月异，徐先生经营的产业也面临着不小的危机。为了不致落入破产困局，徐先生考虑转行。他听说最近一种叫作"密室逃脱"的游戏模式在年轻人中很受欢迎，便决定开一家"密室逃脱"游戏室试试水。徐先生打听了繁华地段铺面的价钱，觉得不太划算。他想到自己闲置的那两套住宅，为了节省成本，他将两套住房打通，改造成了"密室逃脱"游戏室。由于徐先生的"密室逃脱"游戏室每天经营时间较长，早晚都有顾客光顾，总是产生噪声，时间一长，邻近居民都知道了此事，有一名业主便以徐先生扰民为由告知了物业公司。那么，业主是否能将住宅改造为经营场所？面对业主的此种行为，物业公司可以怎样做？

法律解析

　　《民法典》第二百七十九条规定，业主不得违反法律、法规以及管理规约，将住宅改变为经营性用房；将住宅改变为经营性用房的，除遵守法律、法规以及管理规约外，应当经有利害关系的业主一致同意。《最高人民法院关于审理建筑物区分所有权纠纷案件具体应用法律若干问题的解释》第十一条对此处的"有利害关系的业主"进行了进一步解释，即在本栋建筑物内的其他业主，均应当认定为"有利害关系的业主"。也就是说，业主将住宅改造为经营性用房可能会侵犯其他业主的合法权利，在改造之前，应当征求本栋建筑物内所有业主的同意。

在上述案例中，徐先生为了节省成本，将自己的住宅改造成娱乐性质的经营性用房，不仅没有征求其他有利害关系的业主的同意，还严重影响了其他业主的正常生活。更为严重的是，徐先生将两套住房打通，意味着在承重墙上开门等，会严重威胁到整个楼体的安全，给整栋楼带来隐患。对于这些情况，其他业主可以要求徐先生将住宅恢复原状。物业公司也可以根据《最高人民法院关于审理物业服务纠纷案件适用法律若干问题的解释》第一条的规定，向法院提起诉讼，要求徐先生承担停止侵害、排除妨碍、恢复原状等相应民事责任。

法条链接

《中华人民共和国民法典》

第二百七十九条 业主不得违反法律、法规以及管理规约，将住宅改变为经营性用房。业主将住宅改变为经营性用房的，除遵守法律、法规以及管理规约外，应当经有利害关系的业主一致同意。

《最高人民法院关于审理物业服务纠纷案件适用法律若干问题的解释》

第一条 业主违反物业服务合同或者法律、法规、管理规约，实施妨碍物业服务与管理的行为，物业服务人请求业主承担停止侵害、排除妨碍、恢复原状等相应民事责任的，人民法院应予支持。

《最高人民法院关于审理建筑物区分所有权纠纷案件具体应用法律若干问题的解释》

第十一条 业主将住宅改变为经营性用房，本栋建筑物内的其他业主，应当认定为民法典第二百七十九条所称"有利害关系的业主"。建筑区划内，本栋建筑物之外的业主，主张与自己有利害关系的，应证明其房屋价值、生活质量受到或者可能受到不利影响。

律师忠告

对于业主违反物业服务合同或者法律、法规、管理规约的行为，为了维护其他业主的正当权利，物业公司可以作为独立的诉讼主体，对业主提起诉讼。

47. 业主占用楼道堆放杂物，物业公司怎么办？

案例在线

李老太年轻时家里比较困难，经常出门捡拾一些废品出去卖，以贴补家用。如今，李老太的儿女们都有了不错的工作。一年前，李老太的老伴去世，儿女们便共同凑钱在 M 小区为李老太买了一套一居室，让她安心养老。但是，李老太闲不住，也还保留着年轻时的习惯，经常到小区的可回收垃圾桶内翻找能卖钱的纸板和塑料瓶。由于李老太拿回家的废品太多了，家里放不下，她便索性将东西都堆放在楼道里。时间一长，不仅有碍楼道内的美观，也影响了其他邻居正常通行。邻居们对此非常不满，物业公司也上门和李老太交涉过几次，但李老太始终我行我素。那么，在此种情况下，物业公司应该怎么办呢？

法律解析

对于本案中李老太的行为，业主大会、业主委员会和物业公司均有权进行制止。《物业管理条例》第五十条规定，业主不得擅自占用物业管理区域内的道路、场地，损害业主的共同利益。由此可见，将私人杂物堆放在公共通道的行为是违反法律规定的。根据《民法典》第二百八十六条第二款的规定，业主大会或者业主委员会，对任意弃置垃圾、排放污染物或者噪声、违反规定饲养动物、违章搭建、侵占通道、拒付物业费等损害他人合法权益的行为，有权依照法律、法规以及管理规约，请求行为人停止侵害、排除妨碍、消除危险、恢复原状、赔偿损失。同时，按照《最高人民法院关于审理物业服务纠纷案件适用法律若干问题的解释》第一条的规定，对于上述不法行为，物业服务人员还可以依法起诉，要求业主承担相应的民事责任。

在上面的案例中，李老太将废品堆放在楼道中，阻碍其他业主通行，这样的行为应当受到谴责和制止。业主大会或业主委员会可以要求李老太将杂物收拾干净，并保持楼道正常通行。如果李老太依然不听劝阻，物业公司也可以对李老太提起诉讼，要求李老太承担停止侵害、排除妨碍、恢复原状等相应的民事责任。

法条链接

《中华人民共和国民法典》

第二百八十六条第二款　业主大会或者业主委员会，对任意弃置垃圾、排放污染物或者噪声、违反规定饲养动物、违章搭建、侵占通道、拒付物业费等损害他人合法权益的行为，有权依照法律、法规以及管理规约，请求行为人停止侵害、排除妨碍、消除危险、恢复原状、赔偿损失。

《物业管理条例》

第五十条第一款　业主、物业服务企业不得擅自占用、挖掘物业管理区域内的道路、场地，损害业主的共同利益。

《最高人民法院关于审理物业服务纠纷案件适用法律若干问题的解释》

第一条　业主违反物业服务合同或者法律、法规、管理规约，实施妨碍物业服务与管理的行为，物业服务人请求业主承担停止侵害、排除妨碍、恢复原状等相应民事责任的，人民法院应予支持。

律师忠告

业主对建筑物专有部分以外的部分享有共有和共同管理的权利，可以在适当范围内对共有部分加以利用，但是不得因此侵害其他业主的利益。物业公司面对业主的不当行为，应当及时予以制止，必要时还可以提起民事诉讼，以维护其他业主的合法权益。

48. 物业公司疏通消防通道时损坏业主违规停放在消防通道的车辆，是否需要赔偿？

案例在线

某市在入冬后，天气非常干燥，又时常有大风天气，比其他季节更容易发生火灾。为了防止火灾发生时出现消防车无法进入的情况，该市某小区的物业公司加强了对小区内消防通道的巡逻。一天，保安人员包某在巡逻时，发现某位业主的车辆违规停放在消防通道中。包某将情况告知了物业公司，物业公司与该业主取得联系，但该业主正在外地出差，无法及时回来挪走车辆。于是，物业公司决定叫来拖车直接将该车辆移走。在移动车辆的过程中，对该车辆造成了擦碰，车辆受到一定程度的损伤。那么，物业公司是否需要对该损伤承担赔偿责任？

法律解析

根据《民法典》第九百四十二条第二款和《物业管理条例》第四十五条的规定，物业服务人有权对物业服务区域内违反消防法律法规的行为进行制止。当发现相关违法行为时，物业服务人也应当及时向有关行政管理部门报告。可以看出，对于违法行为，物业服务人仅有制止的权利，并无执行的权利。对违法行为进行处理是行政机关应当行使的职权，物业服务人无权代为行使。

在上面的案例中，业主将车辆停放在消防通道中，阻碍了消防通道的畅通，是违反《消防法》的相关规定。对于业主的违法行为，物业公司应当进行制止，要求业主尽快将车辆移走，保持消防通道的畅通。如果业主因故无法挪走车辆，物业公司也应当将情况报告给有关行政管理部门，由行政管理部门来决定是否要将业主的车辆挪走。物业公司未经报告便擅自挪车的行为是不合法的，应当对给业主造成的损害进行赔偿。

法条链接

《中华人民共和国民法典》

第九百四十二条第二款　对物业服务区域内违反有关治安、环保、消防等法律法规的行为，物业服务人应当及时采取合理措施制止、向有关行政主管部门报告并协助处理。

《中华人民共和国消防法》

第二十八条　任何单位、个人不得损坏、挪用或者擅自拆除、停用消防设施、器材，不得埋压、圈占、遮挡消火栓或者占用防火间距，不得占用、堵塞、封闭疏散通道、安全出口、消防车通道。人员密集场所的门窗不得设置影响逃生和灭火救援的障碍物。

《物业管理条例》

第四十五条 对物业管理区域内违反有关治安、环保、物业装饰装修和使用等方面法律、法规规定的行为，物业服务企业应当制止，并及时向有关行政管理部门报告。

有关行政管理部门在接到物业服务企业的报告后，应当依法对违法行为予以制止或者依法处理。

律师忠告

当发生消防通道被占用的情况时，物业服务人首先应当做的是让业主本人对违法情况进行排除。如果业主无法排除或拒绝排除时，物业服务人应当及时通知有关行政机关。物业服务人只是受业主委托对物业服务区域进行管理的组织，只有管理权而并无执法权。

49. 在小区公共道路上的停车位，所有权应当属于谁？

案例在线

G小区业主众多，几乎人人家里都有车，小区内的停车位非常紧张。范先生刚搬进来没有多久，没有买到地下车库的车位，平时只能将车停放在小区道路上的公共车位上。过了一段时间，范先生发现，经常有其他小区的车辆在G小区内进出，车主把车停在公共车位后，就拿着东西往外走了，即使有物业工作人员看见了也不会上前制止。范先生对此感到很不解，明明车位都不够本小区的住户使用，为什么还有其他社会车辆占用小区内的车位呢？于是，范先生来到物业询问此事。物业负责人却表示，道路上的公共车位不属于业主所有，物业对车位享有管理权，有权选择将车位租借给他人使用。那么，物业的说法是否合理？小区公共道路上的停车位究竟应当归谁所有？

法律解析

小区公共道路上的停车位应当由全体业主共同共有。根据《民法典》第二百七十五条的规定，建筑区划内，规划用于停放汽车的车位、车库的归属，由当事人通过出售、附赠或者出租等方式约定。占用业主共有的道路或者其他场地用于停放汽车的车位，属于业主共有。《最高人民法院关于审理建筑物区分所有权纠纷案件具体应用法律若干问题的解释》第六条中也规定，将占用业主共有道路或者其他场地增设的车位也视为业主共有的车位，由全体业主共同享有所有权，共同进行使用和管理。

在上面的案例中，物业公司以小区道路上的公共车位应当由物业进行管理为由，将地面上的公共车位出租给其他社会车辆，侵犯了本小区业主的合法权益，给本小区业主造成损失的，应当承担赔偿责任。对此，《民法典》第二百七十六条还规定，建筑区划内，规划用于停放汽车的车位、车库应当首先满足业主的需要。由此条规定可知，小区内的车位并不是不能向外出租，但应当优先满足本小区业主的需要。本案中，G 小区的车位尚不够本小区业主使用，物业再进行对外出租显然是不合理的，也是不合法的。

法条链接

《中华人民共和国民法典》

第二百七十五条　建筑区划内，规划用于停放汽车的车位、车库的归属，由当事人通过出售、附赠或者出租等方式约定。

占用业主共有的道路或者其他场地用于停放汽车的车位，属于业主共有。

第二百七十六条　建筑区划内，规划用于停放汽车的车位、车库应当首先满足业主的需要。

《最高人民法院关于审理建筑物区分所有权纠纷案件具体应用法律若干问题的解释》

第六条　建筑区划内在规划用于停放汽车的车位之外，占用业主共有道路或者其他场地增设的车位，应当认定为民法典第二百七十五条第二款所称的车位。

律师忠告

业主对本小区的共有部分享有共有和共同管理的权利，物业服务人与业主之间的关系只是因物业服务合同形成的物业服务关系，无权擅自对小区内业主的共有部分权益进行处分。

第六章　装修与违章搭建管理

50. 装修房屋前必须通知物业吗?

案例在线

老于名下有两套房子,一套用来自己住,另一套只做了简单的装修,用来出租给他人以赚取租金。前不久,老于的女儿小于终于定下了自己的终身大事,决定与男朋友结婚了。两个年轻人暂时没钱买房,老于便决定将那套出租的房子腾出来给女儿和女婿居住。为了让女儿女婿住得更加舒适,老于打算出钱将房子重新装修一番。装修前,老于心想,他是这个小区这么多年的业主了,又不是新买的房子,装修应该不用再告诉物业了。于是,老于在未通知物业公司的情况下,直接开始装修房子。物业公司得知此事后找到老于,告诉他无论是不是新买的房子,装修都需要通知物业,否则可能会受到行政处罚。那么,物业公司的说法是否正确?

法律解析

根据《物业管理条例》第五十二条、《民法典》第九百四十五条第一款以及《住宅室内装饰装修管理办法》第十三条的规定可以看出,在对房屋进行装修之前,业主是有义务事先告知物业服务人的。在装修过程中,很可能需要对房屋的墙面、地板等进行挖、凿、打孔等操作,如果操作不当就会对房屋结构产生影响。同时，在装修时还可能产生扰民问题，容易产生邻里纠纷。因此，物业服务人应当将装修期间的注意事项告知业主，业主应当对此严格遵守。为了督促业主履行告知义务，《住宅室内装饰装修管理办法》第三十五条也规定了相应的惩罚制度。

在上面的案例中，老于误以为不是新房装修就无须向物业公司报备，这样的想法是错误的。无论是不是新房装修，装修中产生的相应问题都无法避免，仍然需要将装修事项告知物业公司，并由物业公司对老于的装修行为进行监督。对于老于未经报备直接进行装修的行为，物业公司可以报告给当地的城市房地产行政主管部门，并由该部门对老于处以 500 元以上 1000 元以下的罚款。当然，鉴于物业公司及时发现了老于的装修行为，老于也并非故意隐瞒不报，如果老于认识到错误，物业公司为老于补办手续即可。

法条链接

《中华人民共和国民法典》

第九百四十五条第一款　业主装饰装修房屋的，应当事先告知物业服务人，遵守物业服务人提示的合理注意事项，并配合其进行必要的现场检查。

《物业管理条例》

第五十二条　业主需要装饰装修房屋的，应当事先告知物业服务企业。

物业服务企业应当将房屋装饰装修中的禁止行为和注意事项告知业主。

《住宅室内装饰装修管理办法》

第十三条　装修人在住宅室内装饰装修工程开工前，应当向物业管理企业或者房屋管理机构（以下简称物业管理单位）申报登记。

非业主的住宅使用人对住宅室内进行装饰装修，应当取得业主的书面同意。

第三十五条　装修人未申报登记进行住宅室内装饰装修活动的，由城市房地产行政主管部门责令改正，处 5 百元以上 1 千元以下的罚款。

律师忠告

惩罚不是目的而是措施。业主对房屋享有权利，也自然应当承担起法律为其规定的相关义务。物业服务人应当对业主的装修行为进行监督，防止违法违规行为的发生。

51. 住宅室内装饰装修管理服务协议是什么？主要包括哪些内容？

案例在线

小刘出生在一个偏远的小乡村，后来小刘考上了北京的一所大学，并在毕业后留在了北京工作。小刘勤奋努力，工作能力也很优秀，没几年就被提拔成了公司的骨干员工，工资也大幅上涨。奋斗多年后，小刘终于攒够了房屋的首付，决定在北京购买一套住房，将父母也接到北京定居。小刘顺利购买了一套面积不大但环境不错的两居室，并与开发商正式办理了交房手续。拿到房屋钥匙后，小刘到物业公司进行装修告知，物业公司的工作人员告知小刘，小刘需要签订一份住宅室内装饰装修管理服务协议。小刘是第一次装修房屋，对此不太了解。那么，什么是住宅室内装饰装修管理服务协议？该协议又主要包括哪些内容呢？

法律解析

住宅室内装饰装修管理服务协议是业主在进行装修时需要与物业服务人签订的协议。业主的装修行为受到协议约束，有义务按照协议内容进行装修活动，物业服务人也有权利根据协议对业主的装修活动加以管理。根据《住宅室内装饰装修管理办法》第十六条的规定，一般来说，住宅室内装饰装修管理服务协议应当包括下列内容：（1）装饰装修工程的实施内容；（2）装饰装修工程的实施期限；（3）允许施工的时间；（4）废弃物的清运与处置；（5）住宅外立面设施及防盗窗的安装要求；（6）禁止行为和注意事项；（7）管理服务费用；（8）违约责任；（9）其他需要约定的事项。也就是说，除了本条中明确规定的事项以外，物业服务人也可以和业主根据实际情况作出其他约定，只要不违反法律的强制性规定即可。

在上面的案例中，小刘要对房屋进行装修，物业公司要求其签订住宅室内装饰装修管理服务协议的行为是完全合理合法的。在签订协议时，小刘也要对协议内容多加注意，判断协议中是否有违反法律强制性规定的款项。

法条链接

《住宅室内装饰装修管理办法》

第十六条　装修人，或者装修人和装饰装修企业，应当与物业管理单位签订住宅室内装饰装修管理服务协议。

住宅室内装饰装修管理服务协议应当包括下列内容：

（一）装饰装修工程的实施内容；

（二）装饰装修工程的实施期限；

（三）允许施工的时间；

（四）废弃物的清运与处置；

（五）住宅外立面设施及防盗窗的安装要求；

（六）禁止行为和注意事项；

（七）管理服务费用；

（八）违约责任；

（九）其他需要约定的事项。

律师忠告

　　物业服务人在拟定住宅室内装饰装修管理服务协议的内容时，不能利用业主急于装修的心理，在协议中对业主的正当权利加以限制。协议内容必须合理合法，业主有异议的，也应当由物业服务人和业主协商进行解决，不得强迫或变相强迫业主签订协议。

52. 物业公司能否要求业主使用指定装修公司进行装修？

案例在线

　　付女士与丈夫经营着一家小公司，生意红红火火，两人也小有积蓄。付女士与丈夫商量后，一致认为两人可以改善一下现在的居住环境。于是两人将现有的住房出售，在华美小区购买了一套跃层复式住房。收房后，付女士到物业公司进行装修登记。物业公司的工作人员告诉付女士，该小区对装修有着特殊的规定。像付女士购买的这种跃层户型的装修难度较高，一般的装修公司无法胜任工作，必须使用物业公司指定的有专门资质的装修公司。付女士认为物业公司的要求不合理，但为了能够尽快开展装修工作，只能同意了物业公司的条件。那么，物业公司强制要求业主使用其指定的装修公司进行装修的行为是否合法？

法律解析

　　本案中物业公司的行为不合法。根据《住宅室内装饰装修管理办法》第十九条的规定，物业服务人不得向业主指派装饰装修企业或者强行推销装饰装修材料。业主对房屋进行装修是业主对私有财产进行处分的行为，委托哪家装修公司进行施工是业主的自由，物业服务人无权干涉。在业主装修时，物业服务人的主要职责在于将装修的注意事项告知业主，并对业主的装修活动进行监督管理，防止违法行为的发生，而无权干涉业主选择哪家装修公司，干扰业主行使合法权利。

在上面的案例中，物业公司要求购买跃层户型的住户必须使用其指定装修公司进行装修，这是一种强行向业主指派装修公司的行为，违反了法律的规定。对于物业公司的此种行为，业主也可以向有关行政部门进行举报。物业公司将为其违法行为承担责任。

法条链接

《住宅室内装饰装修管理办法》

第十九条　禁止物业管理单位向装修人指派装饰装修企业或者强行推销装饰装修材料。

律师忠告

业主在进行装修活动时，如果物业公司担心业主聘用的装修公司不具有相应资质而对楼体造成破坏，可以向业主提供建议，帮助业主了解在进行装修活动时应当如何寻找有资质的装修公司，而不是直接限制业主的选择，对业主实施强迫手段。

53. 物业可以在业主装修时强行要求业主交纳押金吗？

案例在线

　　姚先生准备与相恋多年的女友结婚，便与女友一起在 L 小区购买了一套住宅当作婚房。房子交付后，姚先生联系了装修公司，并将自己即将装修房屋的事情告知物业公司。但是，物业公司负责人却向姚先生表示，本小区的业主装修房屋，除了需要与物业公司签订装修保证协议以外，还需要交纳 3000 元的装修押金。如果业主在装修时违反了装修相关的规定，物业公司有权抵扣押金。姚先生认为物业公司的要求不合理，拒绝交纳押金。物业公司却告诉姚先生，业主不交纳押金无权装修房屋，这是规定。那么，物业公司是否可以强行要求业主交纳装修押金？

法律解析

　　根据《民法典》第二百七十二条的规定，业主对其建筑物专有部分享有占有、使用、收益和处分的权利。业主行使权利不得危及建筑物的安全，不得损害其他业主的合法权益。由此可见，业主对自己的房屋享有处分权，而对房屋进行装修便是行使处分权的一种。当然，业主行使这一权利并不是随意的，法律对业主的此项权利进行了一定限制，即业主在行使权利时不得损害其他业主的合法权益。因此，《民法典》第九百四十五条第一款和《物业管理条例》第五十二条规定，业主在装修房屋前，应当事先告知物业服务人，遵守物业服务人提示的合理注意事项，并配合其进行必要的现场检查，这可以有效防止业主在行使这一权利时妨害其他业主权益。

　　但是，对于物业服务人是否有权对业主收取装修押金，我国法律并没有确切的规定。物业服务人可以和业主就此事进行协商，签订相关合同。物业服务人也应当将押金收取的相关事项在物业服务合同或装修注意事项中载明，对业主尽到相应的提醒义务。由于装修押金并无法律的强制性规定，只能由当事人进行约定，因此，当业主不同意交纳装修押金时，物业服务人也不得强行收取。

在上面的案例中，物业公司要求姚先生交纳装修押金，如果不交纳便无法装修房屋。这实际上就是一种变相强制收取装修押金的行为，既损害了业主对房屋的处分权，也有悖合同的自愿原则，没有法律依据。

法条链接

《中华人民共和国民法典》

第二百七十二条 业主对其建筑物专有部分享有占有、使用、收益和处分的权利。业主行使权利不得危及建筑物的安全，不得损害其他业主的合法权益。

第九百四十五条第一款 业主装饰装修房屋的，应当事先告知物业服务人，遵守物业服务人提示的合理注意事项，并配合其进行必要的现场检查。

《物业管理条例》

第四十五条 对物业管理区域内违反有关治安、环保、装饰装修和使用等方面法律、法规规定的行为，物业服务企业应当制止，并及时向有关行政管理部门报告。

有关行政管理部门在接到物业服务企业的报告后，应当依法对违法行为予以制止或者依法处理。

第五十二条 业主需要装饰装修房屋的，应当事先告知物业服务企业。

物业服务企业应当将房屋装饰装修中的禁止行为和注意事项告知业主。

律师忠告

装修押金是避免业主在装修时对相邻业主权益造成损害的一种保障手段，具有一定的合理性，但物业服务人不得强制收取，更不能在收取后以各种理由变相拒绝退还押金。

54. 业主在自己家中安装"震楼神器"，物业有权制止吗？

案例在线

姜女士平时睡眠质量很差，必须保证睡眠环境十分安静才能够睡着。半个月前，姜女士的楼上搬来了一家三口，孩子刚上小学，精力非常旺盛，经常在家里跑来跑去，有时还在家里跳绳。姜女士被这一家人制造的噪声吵得每晚都睡不好，她几次上楼和孩子的父母交涉，情况都没有改善。时间一长，姜女士的睡眠时间无法得到保证，精神萎靡不振，工作效率大大降低。忍无可忍之下，姜女士在网上购买了一个"震楼神器"，安装在自己家的天花板上。每天上班以后，姜女士就把"震楼神器"打开，通过震动楼板来报复楼上的邻居。那么，对于姜女士的此种行为，物业是否有权制止呢？

法律解析

《民法典》第二百七十二条规定，业主对其建筑物专有部分享有占有、使用、收益和处分的权利。业主行使权利不得危及建筑物的安全，不得损害其他业主的合法权益。也就是说，业主有权在自己家中安装各种设备，但安装行为或设备本身都不得对建筑物或其他业主造成损害。否则，根据《物业管理条例》

第四十五条第一款的规定，对物业管理区域内违反有关治安、环保、物业装饰装修和使用等方面法律、法规规定的行为，物业服务企业应当制止，并及时向有关行政管理部门报告。由此可见，对于业主有损建筑物安全的行为，物业公司有权向相关行政管理部门报告，由行政管理部门进行处置。

在上面的案例中，姜女士因为难以忍受楼上邻居带来的噪声，便在家中安装"震楼神器"，通过震动楼板来报复对方。这一设备虽然安装在姜女士家中，但实际上，"震楼神器"在震动楼板时，会产生高频率的共振，久而久之很可能会对建筑的结构造成损坏。使用"震楼神器"来报复对方的行为，是十分不理智的，对双方都有害无利。对于姜女士的行为，物业公司应当及时制止，并向行政管理部门报告，要求姜女士拆除"震楼神器"。

法条链接

《中华人民共和国民法典》

第二百七十二条 业主对其建筑物专有部分享有占有、使用、收益和处分的权利。业主行使权利不得危及建筑物的安全，不得损害其他业主的合法权益。

《物业管理条例》

第四十五条 对物业管理区域内违反有关治安、环保、物业装饰装修和使用等方面法律、法规规定的行为，物业服务企业应当制止，并及时向有关行政管理部门报告。

有关行政管理部门在接到物业服务企业的报告后，应当依法对违法行为予以制止或者依法处理。

> **律师忠告**
>
> 　　在面对邻居扰民时，业主应当采取合法的手段进行维权，如向物业公司反馈。物业公司应当制止业主扰民的行为，业主大会或业主委员会也可以对扰民业主进行警告。

55. 业主违规装修，物业能否擅自对业主实施惩罚措施？

案例在线

　　孔先生努力工作多年，终于攒够了一套房子的首付，决定在某市安家。于是，孔先生在 T 小区购买了一套住宅。孔先生的房屋租赁合同还有三个月到期，为了能在合同到期后顺利住进新房，他要求装修公司加紧赶工，争取在两个月内将房屋装修完毕。装修公司为了达成孔先生的要求，经常违反装修规定在夜间施工，装修噪声给附近的居民带来了很大的困扰。物业公司得知后，便暂时关停了孔先生家的电以示惩罚，还对孔先生发出警告称，如果他仍不改正，物业就要对他进行罚款。那么，物业的行为是否合法？

法律解析

　　根据《民法典》第九百四十五条第一款和《物业管理条例》第五十二条的规定，业主在装修前应当事先告知物业公司，物业公司也应当将装修过程中的注意和禁止事项告知业主，业主应当遵守合理注意事项，并且配合物业公司进行必要的现场检查。在必要情况下，物业公司也可以在现场对业主的装修行为进行适当的监督。对于业主违反装修注意事项的行为，物业公司应当及时制止，并报告给相关行政管理部门，由行政管理部门对业主的违法违规行为进行处罚。

在上面的案例中，孔先生为了能够在短时间内完成房屋的装修，经常在夜间进行装修活动，对附近业主的生活造成了很大的影响。孔先生的这种行为损害了其他业主的利益，是不符合法律规定的。物业公司应当根据《物业管理条例》第四十五条的规定，依法对孔先生违规装修的行为进行制止，并及时向有关行政管理部门报告，但无权擅自对孔先生实施断电、罚款等惩罚手段。

法条链接

《中华人民共和国民法典》

第九百四十五条第一款　业主装饰装修房屋的，应当事先告知物业服务人，遵守物业服务人提示的合理注意事项，并配合其进行必要的现场检查。

《物业管理条例》

第四十五条　对物业管理区域内违反有关治安、环保、物业装饰装修和使用等方面法律、法规规定的行为，物业服务企业应当制止，并及时向有关行政管理部门报告。

有关行政管理部门在接到物业服务企业的报告后，应当依法对违法行为予以制止或者依法处理。

第五十二条　业主需要装饰装修房屋的，应当事先告知物业服务企业。

物业服务企业应当将房屋装饰装修中的禁止行为和注意事项告知业主。

律师忠告

只有具有行政处罚职能的行政部门才能作为行政执法主体对他人进行罚款等行政处罚，物业公司并非行政部门，无权对业主实施行政处罚。

56. 业主可以随意将阳台改成厨房吗？

案例在线

苏女士在 M 小区购买了一套精装修的商住两用公寓。在建设时，该小区并未铺设天然气管道，住户做饭只能依靠开放式厨房中放置的电磁炉。苏女士崇尚健康生活，很少在外吃饭，基本上都是在家自己做。她担心开放式厨房产生的油烟不好排放，时间一长会在家中累积油垢，便打算在客厅的阳台上安装排水管道，将其改造成厨房，以和其他房间相分隔。苏女士找到一家装修公司进行咨询，并向负责人员阐述了自己改造阳台的构想。负责人员经过测试，发现该公寓阳台并没有防水要求，无法改造为厨房。如果强行改装，很可能违反法律的规定。苏女士对负责人员的话将信将疑，她只是想对自己家进行改装，又不是什么大工程，难道这也违法吗？

法律解析

业主作为房屋的所有权人，有权对自己的房屋进行装修，但装修时不能任性而为，必须遵守法律的规定，不得侵犯其他业主的权利。根据《住宅室内装饰装修管理办法》第五条第二项的规定，在进行装修活动时，不得将没有防水要求的房间或者阳台改为卫生间或厨房间。卫生间和厨房都是需要大量用水的场所，在装修时必须做好防水，否则很可能会因漏水而给其他住户带来困扰，甚至可能破坏大楼的楼体结构，危害公共安全。因此，必须严格限制对没有防水要求的房间的改装活动，防止发生意外。

在上面的案例中，苏女士想将自己家里的阳台改造为厨房，但由于其购买的公寓阳台并无防水要求，装修人员拒绝了她的要求。装修人员的判断准确且负责，阻止了苏女士实施违法行为的可能。如果苏女士执意将阳台改造成厨房，根据《住宅室内装饰装修管理办法》第三十八条的规定，城市房地产行政主管部门将会责令苏女士进行改正，并对她处以 500 元以上 1000 元以下的罚款。

法条链接

《住宅室内装饰装修管理办法》

第五条　住宅室内装饰装修活动，禁止下列行为：

……

（二）将没有防水要求的房间或者阳台改为卫生间、厨房间；

……

第三十八条　住宅室内装饰装修活动有下列行为之一的，由城市房地产行政主管部门责令改正，并处罚款：

（一）将没有防水要求的房间或者阳台改为卫生间、厨房间的，或者拆除连接阳台的砖、混凝土墙体的，对装修人处 5 百元以上 1 千元以下的罚款，对装饰装修企业处 1 千元以上 1 万元以下的罚款；

……

律师忠告

作为物业服务人，在业主装修时负有告知业主注意事项的义务，也应当格外熟知装饰装修的相关法律规定，督促业主正确合法地进行装修，避免出现法律纠纷。

57. 业主能否在承重墙上额外开窗？

牛先生近期有购买住房的打算，但囿于自己手中资金有限，又为了便于通勤想要买一套地理位置相对较好的房屋，于是他决定购买一套价格相对低些的二手房。在中介的介绍下，牛先生最终购买了位于 W 小区的一套一居室。该房屋地理位置优越，但是户型不太好。装修时，牛先生与工人商量，决定将过大的客厅一分为二，再扩出一间卧室来。但客厅面积缩小后，房子显得逼仄狭窄。为了改善这一状况，牛先生计划将原本的小阳台门扩大，安装一扇玻璃推拉门，来增加客厅采光。但是装修工人告诉牛先生，安装阳台门的墙面是房屋的承重墙，不能随意改动。牛先生认为自己只是将原有的门进行扩大，又不是将这面墙拆除，应该不会有什么严重的后果。那么，牛先生的想法是否正确？

法律解析

本案中牛先生的想法是不正确的。承重墙是在建筑结构中起到支撑上部楼层重量作用的墙体，是建筑必不可少的一部分。一般来说，承重墙不可以拆除，也不可以随意对承重墙进行施工。如果承重墙受到损坏，很可能导致楼体结构被破坏、楼层坍塌的结果，不仅会给业主本人造成损害，也会危害其他业主的安全。因此，《住宅室内装饰装修管理办法》第五条第三项规定，住宅室内在进行装饰装修活动时，禁止扩大承重墙上原有的门窗尺寸，拆除连接阳台的砖、混凝土墙体。由此可见，无论是从房屋结构、房屋安全性方面还是从法律层面上讲，对承重墙的门窗尺寸随意扩大都是不可取的。

在上面的案例中，牛先生为了增加客厅的采光，计划将阳台门的面积扩大。

虽然他并不打算将整面承重墙拆除，但仍会对承重墙的结构造成破坏，增加房屋坍塌的风险，给公共安全带来不可忽视的风险。牛先生应当认识到扩大阳台门可能带来的危险后果，放弃扩大阳台门的装修计划。

法条链接

《住宅室内装饰装修管理办法》

第五条 住宅室内装饰装修活动，禁止下列行为：

......

（三）扩大承重墙上原有的门窗尺寸，拆除连接阳台的砖、混凝土墙体；

......

律师忠告

实践中，很多业主就像案例中的牛先生一样，认识不到改造承重墙会有什么样的危险后果。在对楼体进行施工时，在承重墙上开门窗都需要做特殊的加固保护。业主擅自扩大门窗会破坏原有的加固保护，一般情况下业主也无法准确估计如何在不影响建筑结构的情况下扩大门窗。物业服务人也应当监督业主的装修进度，当业主发生违法行为时应当及时进行制止。

58. 业主是否能将房屋的节能设施拆除？

案例在线

绿草小区位于某北方城市，该城市冬天比较寒冷，需要供暖。为了提高供暖效率，降低供暖时所需要的能耗，开发商在建设过程中在楼体外部和内部都增加了保温层。冯先生在绿草小区购买了一套房屋。在对房屋进行装修时，冯先生发现自己花大价钱定制的家具报错了尺寸，比正确尺寸多出来了两三厘米。看着做好的家具放不进去，冯先生十分苦恼。如果要求工厂重新制作，不仅会花费多余的时间，也要浪费不少钱。负责装修的工作人员向冯先生建议，反正大楼有外部保温层，内保温层作用不大，可以把内保温层铲除，再对墙面重新进行粉刷，就可以腾出摆放家具的空间了。冯先生觉得这个建议不错。那么，该工作人员的提议是否可取？业主在装修时能否拆除房屋的节能设施？

法律解析

房屋保暖层能够使房屋内部温度变化缓慢，不仅有利于冬天取暖时保持室内温暖，也有利于夏天开空调时保持室内凉爽，从而减少取暖或者开空调所需的耗能，达到节约能源的目的，是一种节能设施。根据《住宅室内装饰装修管理办法》第五条第四项的规定，业主在对房屋进行装修时，禁止损坏房屋原有节能设施。也就是说，业主在购买房屋后，并不代表可以随意处理房屋内的一切设施，必须遵守法律的规定，保证节能设施的完整性。

在上面的案例中，冯先生为了让家具能够正常摆放，计划铲除内部保温层，以扩大室内空间。铲除保温层的做法不仅会使冯先生家的取暖耗能更大，费用更高，也会间接影响邻居的取暖效果，不但违反法律的规定，还会给其他业主的合法权益造成一定损害。而对于拆除保温层的装修公司，也应当按照《住宅室内装饰装修管理办法》第三十八条第二项的规定，由城市房地产行政主管部门对装修公司作出相应的处罚措施。

法条链接

《住宅室内装饰装修管理办法》

第五条 住宅室内装饰装修活动，禁止下列行为：

……

（四）损坏房屋原有节能设施，降低节能效果；

……

第三十八条 住宅室内装饰装修活动有下列行为之一的，由城市房地产行政主管部门责令改正，并处罚款：

……

（二）损坏房屋原有节能设施或者降低节能效果的，对装饰装修企业处 1 千元以上 5 千元以下的罚款；

……

律师忠告

在房屋上安装保温层不仅符合法律规定，也是贯彻可持续发展原则的要求。在实际生活中，物业服务人应当提醒业主在装修过程中多加注意保护保温层，改变一些业主认为原有保温层可有可无的错误思想。

59. 认为原有暖气片影响家装风格，是否能将其拆除更改位置？

案例在线

艾小姐在某老式小区购买了一套二手房。拿到房屋钥匙后，艾小姐立刻着手准备将房屋整体重新装修。与设计师进行探讨后，艾小姐决定将房屋装修成时下流行的简约欧美风，房屋的主体色调为大气的黑白灰。就在装修即将接近尾声的时候，艾小姐发现房屋中原本自带的暖气与整体房屋装修风格格格不入，实在是有些不美观。于是，艾小姐打算将原来的暖气拆掉，在房顶处加装隐形的暖气设施。该小区的物业公司得知此事后，与艾小姐联系，表示艾小姐不能这么做。那么，对于自己家里的暖气管道，业主也不能随意更改吗？

法律解析

根据《住宅室内装饰装修管理办法》第六条的规定，在进行装饰装修活动时，未经批准不得拆改供暖管道和设施。如要对供暖管道和设施进行改装，必须经供暖管理单位批准，并委托具有相应资质的装饰装修企业进行改装。装有供暖管道的居民楼往往采用集中供暖的方式，住户家中的供暖管道是相互连通的，如果对其中一家的供暖管道进行更改，其他住户家中的供暖管道也会受到影响，很可能导致其他住户的取暖质量下降。因此，非经批准，个人绝不允许擅自更改供暖管道和设施。

在上面的案例中，艾小姐因暖气与装修风格不符，便想要擅自拆掉并更改位置，这种行为是不合法的。物业公司对其的规劝合法合理。如果艾小姐执意要更换更改暖气及其位置，应当向当地的供暖管理单位申请批准。需要注意的是，对于擅自拆改供暖管道和设施的行为，应当由城市房地产行政主管部门对装修人处以500元以上1000元以下的罚款。

法条链接

《住宅室内装饰装修管理办法》

第六条　装修人从事住宅室内装饰装修活动，未经批准，不得有下列行为：

……

（三）拆改供暖管道和设施；

......

本条所列第（一）项、第（二）项行为，应当经城市规划行政主管部门批准；第（三）项行为，应当经供暖管理单位批准；第（四）项行为应当经燃气管理单位批准。

第九条 装修人经原设计单位或者具有相应资质等级的设计单位提出设计方案变动建筑主体和承重结构的，或者装修活动涉及本办法第六条、第七条、第八条内容的，必须委托具有相应资质的装饰装修企业承担。

第三十八条 住宅室内装饰装修活动有下列行为之一的，由城市房地产行政主管部门责令改正，并处罚款：

......

（三）擅自拆改供暖、燃气管道和设施的，对装修人处5百元以上1千元以下的罚款；

......

律师忠告

建设单位在建设楼体时，就已经对楼体内管道的布置进行了适合楼体构造的事先规划。如果事后再对管道进行更改，会打乱管道的布局，增加供暖出现故障的可能性。

60. 业主在装修时是否可以更改家中的燃气管道？

案例在线

韩先生在某小区购买了一套预售房，在购买房屋时，开发商只向韩先生展示了基本户型，但并未告知韩先生房屋中管道的具体走向。房屋建好以后，韩先生在收房时才发现厨房中的燃气管道横穿过厨房上空，十分不美观。其他家业主为了能将燃气管道遮挡住，都安装了天花板。韩先生不想加装天花板，他认为房屋的高度已经很低了，如果再加装一层天花板，那会给人一种很压抑的感觉。于是，韩先生决定将燃气管道改道，使之竖向或横向贴在墙边，这样就可以定做一个橱柜将管道遮挡住。韩先生将想法告诉了装修公司，但是装修公司却表示私自更改燃气管道是违法的，他们不能进行施工。那么，装修公司的说法是否正确？业主能否擅自更改家中的燃气管道呢？

法律解析

一般来说，居民楼中的燃气管道输送的主要是供居民使用的天然气，具有一定的毒性和易燃性，一旦泄漏势必给居民带来生命和财产上的危害。因此，任何人都不得随意更改已经安装好的燃气管道，避免在更改过程中对燃气管道造成损坏，发生燃气泄漏事件。根据《住宅室内装饰装修管理办法》第六条、第九条的规定可知，要想更改燃气管道，必须满足两个条件：首先，更改燃气管道必须得到燃气管理单位批准；其次，更改燃气管道时必须委托有相应资质的装饰装修企业。

在上面的案例中，韩先生想将燃气管道进行改道，根据法律的规定，必须取得燃气管理单位的批准，并委托有资质的装饰装修企业进行施工。如果韩先生未经批准更改了燃气管道，也将受到城市房地产行政主管部门500元以上1000元以下的罚款处罚。

法条链接

《住宅室内装饰装修管理办法》

第六条 装修人从事住宅室内装饰装修活动，未经批准，不得有下列行为：

……

（四）拆改燃气管道和设施。

本条所列第（一）项、第（二）项行为，应当经城市规划行政主管部门批准；第（三）项行为，应当经供暖管理单位批准；第（四）项行为应当经燃气管理单位批准。

第九条 装修人经原设计单位或者具有相应资质等级的设计单位提出设计方案变动建筑主体和承重结构的，或者装修活动涉及本办法第六条、第七条、第八条内容的，必须委托具有相应资质的装饰装修企业承担。

第三十八条 住宅室内装饰装修活动有下列行为之一的，由城市房地产行政主管部门责令改正，并处罚款：

……

（三）擅自拆改供暖、燃气管道和设施的，对装修人处5百元以上1千元以下的罚款；

……

律师忠告

实践中，如果业主仅仅以有碍观感为由申请更改燃气管道，往往不会得到燃气管理单位的批准。只要燃气管道能够正常运输燃气，不影响业主的正常生活，业主就应当避免对管道进行更改。

61. 装修工人是否能在室内使用电焊？

案例在线

　　老詹的房屋已经购买了十多年，家中的许多设备都已经老化，装修风格也过于陈旧，很多新出的电气设备家里也无法安装。经过考虑，老詹决定将房子进行重新装修。在挑选洗手池时，出于耐用的考虑，老詹选择了不锈钢材质。然而，洗手池在安装过程中却始终有些起翘，无法正常安装到位。经过一番查看，老詹发现是洗手池的焊接工作没有做好。于是老詹叫来装修工人，让其用电焊将洗手池修复好。该名工人参加工作时间较短，安全意识不强，二话不说就开始焊接作业。有邻居听到有电焊的声音，打电话通知了物业公司，物业人员连忙上门对工人的行为进行阻止。那么，装修工人在室内使用电焊是否合法？

法律解析

　　根据《住宅室内装饰装修管理办法》第十一条的规定，装饰装修企业在进行室内装修活动时，必须严格遵守施工安全操作规程，不得擅自动用明火和进行焊接作业。在使用电焊进行焊接工作时，会产生大量的热量和火星，如果火星落到室内的易燃物品上，非常容易引发火灾。不仅会对作业的工人造成危害，还可能会危害不特定多数人的生命和财产安全。在室内进行焊接工作是非常危险的，必须严厉禁止。如果违规在室内进行焊接作业引发火灾发生重大伤亡事故或者造成其他严重后果的，根据《刑法》第一百三十四条第一款的规定，焊接工作人员还可能会受到相应的刑罚处罚。

　　在上面的案例中，老詹在装修过程中发现洗手池有问题，工人便直接在室内开始焊接作业，这样的行为十分危险。对于这类违规行为，应当根据《住宅室内装饰装修管理办法》第四十一条的规定，由建设行政主管部门责令装修公司进行改正，加强对员工的安全培训，并对该装修公司进行 1000 元以上 10000 元以下的罚款。

法条链接

《住宅室内装饰装修管理办法》

第十一条 装饰装修企业从事住宅室内装饰装修活动，应当遵守施工安全操作规程，按照规定采取必要的安全防护和消防措施，不得擅自动用明火和进行焊接作业，保证作业人员和周围住房及财产的安全。

第四十一条 装饰装修企业违反国家有关安全生产规定和安全生产技术规程，不按照规定采取必要的安全防护和消防措施，擅自动用明火作业和进行焊接作业的，或者对建筑安全事故隐患不采取措施予以消除的，由建设行政主管部门责令改正，并处 1 千元以上 1 万元以下的罚款；情节严重的，责令停业整顿，并处 1 万元以上 3 万元以下的罚款；造成重大安全事故的，降低资质等级或者吊销资质证书。

《中华人民共和国刑法》

第一百三十四条 在生产、作业中违反有关安全管理的规定，因而发生重大伤亡事故或者造成其他严重后果的，处三年以下有期徒刑或者拘役；情节特别恶劣的，处三年以上七年以下有期徒刑。

强令他人违章冒险作业，或者明知存在重大事故隐患而不排除，仍冒险组织作业，因而发生重大伤亡事故或者造成其他严重后果的，处五年以下有期徒刑或者拘役；情节特别恶劣的，处五年以上有期徒刑。

律师忠告

　　装饰装修公司必须筑牢安全防线，确保施工人员在作业时遵守安全管理规定。业主和物业服务人也不应存在侥幸心理，当发现施工人员有违反安全规定的行为时，必须严厉禁止。

62. 在房屋中搭建储物阁楼的行为违法了吗？

案例在线

　　徐某与王某是一对年轻夫妻，在 K 小区购买了一套房屋。两人正处于事业的发展阶段，存款不多，购买的房屋面积也比较小。不久，王某便怀孕了，徐某很高兴，两人幸福地等待着新生命的到来。孩子出生后，家里的杂物越来越多，本来就不大的房屋面积显得越发狭小了。徐某和王某商量后，决定先搬出去住一段时间，将房屋重新装修一番，增加储物空间。经过测量，徐某认为家里的层高比较高，完全可以搭建一个二层阁楼用来储物，还不会压缩其他生活空间。徐某将自己的计划告诉王某后，王某也表示赞同。那么，徐某和王某是否能在家中建造储物阁楼呢？

法律解析

　　业主在进行装修时，是不能随意改变房屋主体结构的。根据《住宅室内装饰装修管理办法》第六条和第九条的规定，业主如果想要在房屋中搭建建筑物或构筑物的，必须事先经过城市规划行政主管部门批准，且必须委托具有相应资质的装饰装修企业承担。也就是说，想在房屋中搭建阁楼或将单层房屋更改为复式结构的，只要经过相关部门批准，都是允许的。但是在施工时，必须委托具有相应资质的装修公司，而不能由业主"亲自上阵"或为省钱随意雇佣装修工人进行施工。

在上面的案例中，徐某和王某为了增加家里的储物空间，想要在家中搭建储物阁楼，应当按照法律的规定，先将装修计划向城市规划行政主管部门报告，获得批准后才可以开始动工。如果徐某和王某在未经批准的情况下擅自动工，将会受到城市规划行政主管部门的处罚。

法条链接

《住宅室内装饰装修管理办法》

第六条 装修人从事住宅室内装饰装修活动，未经批准，不得有下列行为：

（一）搭建建筑物、构筑物；

……

本条所列第（一）项、第（二）项行为，应当经城市规划行政主管部门批准；第（三）项行为，应当经供暖管理单位批准；第（四）项行为应当经燃气管理单位批准。

第九条 装修人经原设计单位或者具有相应资质等级的设计单位提出设计方案变动建筑主体和承重结构的，或者装修活动涉及本办法第六条、第七条、第八条内容的，必须委托具有相应资质的装饰装修企业承担。

第三十九条 未经城市规划行政主管部门批准，在住宅室内装饰装修活动中搭建建筑物、构筑物的，或者擅自改变住宅外立面、在非承重外墙上开门、窗的，由城市规划行政主管部门按照《中华人民共和国城乡规划法》及相关法规的规定处罚。

> **律师忠告**
>
> 　　改变房屋结构是一项大工程，必须经过行政部门审批，并由具有资质的装饰装修公司进行施工，否则很可能会破坏房屋结构，给房屋和业主带来安全隐患。物业服务人在发现未经批准搭建建筑物或构筑物的情形时，也应当及时制止并向相关行政部门报告。

63. 装修时在非承重外墙上开窗以开阔视野，违法吗？

案例在线

　　辛某在某高档小区购买了一套高层住宅。该小区绿化工作做得很好，附近景色优美，从房屋的窗户向外看便能将美景尽收眼底。辛某对新买的房屋大体上还是很满意的，但唯一不满的一点是房屋的窗户比较少，不能随心所欲地欣赏美景。于是，辛某联系了装修公司，想要在某面外墙上开一扇窗户，令视野更加开阔。装修公司向辛某表示，虽然该面外墙并非房屋的承重墙，但根据法律规定，也不能随意在外墙上开窗，如果一定要开窗，必须经过相关部门的批准。辛某有些疑惑，他明明已经购买了房屋，难道在自己家的墙上开窗也违法吗？

法律解析

　　根据《住宅室内装饰装修管理办法》第六条的规定，未经批准，是不得改变住宅的外立面，在非承重外墙上开门、窗的。同时，第九条还规定，如果要在非承重外墙上开门窗，必须委托具有相应资质的装饰装修企业进行施工。一般来说，非承重墙不承担房屋主体的重量，将非承重墙打穿或是进行挖凿也不会对房屋主体结构有影响。但是非承重外墙还起着包容整个楼体的作用，与普通的室内非承重墙是不同的，如果在外墙上开窗或凿洞，会破坏整个楼体的外观完整性。因此，在非承重外墙上开门窗并不是绝对禁止的，而是必须经过批准才可进行施工。

在上面的案例中，辛某为了开阔视野，想要在非承重外墙上开窗。在开窗前，辛某必须向城市规划行政主管部门进行申报，得到批准后委托有资质的装饰装修公司，才可以对非承重外墙进行改造。如果辛某未能遵循以上流程，未获批准就擅自施工，也将会受到城市规划行政主管部门的依法处罚。

法条链接

《住宅室内装饰装修管理办法》

第六条　装修人从事住宅室内装饰装修活动，未经批准，不得有下列行为：

……

（二）改变住宅外立面，在非承重外墙上开门、窗；

……

本条所列第（一）项、第（二）项行为，应当经城市规划行政主管部门批准；第（三）项行为，应当经供暖管理单位批准；第（四）项行为应当经燃气管理单位批准。

第九条　装修人经原设计单位或者具有相应资质等级的设计单位提出设计方案变动建筑主体和承重结构的，或者装修活动涉及本办法第六条、第七条、第八条内容的，必须委托具有相应资质的装饰装修企业承担。

第三十九条　未经城市规划行政主管部门批准，在住宅室内装饰装修活动中搭建建筑物、构筑物的，或者擅自改变住宅外立面、在非承重外墙上开门、窗的，由城市规划行政主管部门按照《中华人民共和国城乡规划法》及相关法规的规定处罚。

律师忠告

业主在对墙面进行改造时，往往只注意到墙体的承重能力，而未能考虑到外墙改造是否会对楼体的外观和规划产生影响。物业服务人可以向业主普及此方面的知识，提醒业主注意。

64. 业主擅自在大楼外墙安装晾衣架，物业公司进行制止是否有法律依据？

案例在线

费先生在 T 小区购买了一套两居室，向物业公司进行装修告知后，开始对房屋进行装修。该小区的房屋没有室外阳台，晾衣服只能晾在室内。费先生担心久而久之房间里会积攒潮气，对人体健康有害，便决定自己在窗外搭建一个晾衣架。费先生将想法告知装修工人，并要求装修工人在外墙上打孔，便于安装晾衣架。邻居发现费先生在外墙打孔后，立即通知了物业公司，物业公司连忙派工作人员到费先生家中制止费先生的行为。但费先生认为，他已经购买了房屋，就有权对自己的房屋进行装修，虽然他在外墙上打孔，但又没有对其他邻居的房屋造成破坏，物业公司无权制止。那么，物业公司对费先生的行为进行制止有无法律依据呢？

法律解析

本案中的物业公司是有权对费先生的行为进行制止的。根据《民法典》第二百七十一条的规定，业主对专有部分以外的共有部分享有共有和共同管理的权利。也就是说，共有部分归小区内所有业主共同所有，任何业主而不得擅自对共有部分进行占有或处分，否则即为侵犯其他业主的权利。

根据《物业管理条例》第四十五条的规定，物业服务人有权对发生在本物业服务区域内的违反相关法律法规的行为加以制止。物业服务人的职责是维护本小区秩序，保障所有业主的共同利益。在上面的案例中，费先生因没有室外阳台便想要在室外安装晾衣架，虽然费先生在该小区购买了房屋，但他能够进行占有和处分的只有其购买的专有部分。房屋外墙虽然附着在费先生所有的专有部分之上，但对外墙进行不恰当的装修会破坏小区外观的统一性，仍然会对其他业主的合法权益造成侵害。面对这种情况，为了维护小区的整体秩序和其他业主的公共权利，物业公司不仅有权利更有义务进行阻止。如果物业公司在制止费先生在外墙安装晾衣架的行为后，费先生仍拒不改正的，物业公司也可以依据《最高人民法院关于审理物业服务纠纷案件适用法律若干问题的解释》第一条的规定，向法院提起诉讼，要求其停止侵害、排除妨碍、恢复原状。

法条链接

《中华人民共和国民法典》

第二百七十一条 业主对建筑物内的住宅、经营性用房等专有部分享有所有权，对专有部分以外的共有部分享有共有和共同管理的权利。

《物业管理条例》

第四十五条 对物业管理区域内违反有关治安、环保、物业装饰装修和使用等方面法律、法规规定的行为，物业服务企业应当制止，并及时向有关行政管理部门报告。

有关行政管理部门在接到物业服务企业的报告后，应当依法对违法行为予以制止或者依法处理。

《最高人民法院关于审理物业服务纠纷案件适用法律若干问题的解释》

第一条 业主违反物业服务合同或者法律、法规、管理规约，实施妨碍物业服务与管理的行为，物业服务人请求业主承担停止侵害、排除妨碍、恢复原状等相应民事责任的，人民法院应予支持。

律师忠告

物业服务人主要基于物业服务合同对物业服务区域进行管理，其出发点从根本上讲是维护全体业主的共同利益。当个别业主的行为会侵犯其他业主的利益时，物业服务人进行阻止是合理合法的，只要程度适当即可。

65. 业主违反业主规约在顶楼安装太阳能热水器的，物业是否有权进行阻止？

案例在线

黄奶奶辛苦了一辈子，生活一直比较节俭。退休之后，子女们共同为黄奶奶在 K 小区的高层住宅中购买了一套视野极佳的顶层住宅，让黄奶奶能够在此远眺美景、安度晚年。居住一段时间后，黄奶奶觉得每天洗澡都要使用电热水器，太浪费电了。于是，为了节省电费，黄奶奶让子女找人为她安装了太阳能热水器。太阳能板安装好以后，物业公司联系黄奶奶，表示根据业主规约，业主是不能在楼顶安装太阳能热水器的。这不仅会对顶层造成破坏，如果遭遇恶劣天气，楼顶的太阳能热水器也会对其他业主造成安全隐患。听了物业公司的话，黄奶奶只能将太阳能热水器进行拆除。那么，物业公司阻止业主安装太阳能热水器的行为，是否合法呢？

法律解析

根据《民法典》第二百七十一条和第二百七十二条的规定，业主对专有部分以外的共有部分享有共有和共同管理的权利，但是，业主在行使权利时，不应侵犯到其他业主的合法权利。同时，为了规范业主的行为，更好地管理小区内的秩序，《物业管理条例》第十七条规定，业主之间可以订立管理规约，只要管理规约不违反法律、法规或者损害社会公共利益，都是对业主具有约束力的。对于违反业主规约的行为，物业公司作为小区的管理者，有权进行制止。

在上面的案例中，黄奶奶在楼顶安装太阳能板的行为不仅可能会对顶层造成破坏，还会影响小区楼体的美观度，给其他业主造成一定程度上的损害，同时也违反管理规约的规定。对于黄奶奶的行为，为了保障其他大多数业主的合法权益，物业公司有权利也有义务进行制止。而黄奶奶及时将太阳能板拆除的行为，也有利于维护小区的和谐秩序，值得肯定。

法条链接

《中华人民共和国民法典》

第二百七十一条 业主对建筑物内的住宅、经营性用房等专有部分享有所有权，对专有部分以外的共有部分享有共有和共同管理的权利。

第二百七十二条 业主对其建筑物专有部分享有占有、使用、收益和处分的权利。业主行使权利不得危及建筑物的安全，不得损害其他业主的合法权益。

《物业管理条例》

第十七条 管理规约应当对有关物业的使用、维护、管理，业主的共同利益，业主应当履行的义务，违反管理规约应当承担的责任等事项依法作出约定。

管理规约应当尊重社会公德，不得违反法律、法规或者损害社会公共利益。

管理规约对全体业主具有约束力。

律师忠告

　　当业主的行为违反业主规约的规定时，物业服务人作为受业主委托对小区进行管理的一方，有权对业主的行为进行阻止。但是，在阻止业主行为时，物业服务人应当注意方式方法，优先采取劝说、说服等方式，尽量温和地解决问题，避免产生矛盾。

66. 业主在自家花园搭建违章建筑，物业公司能否直接将其拆除？

案例在线

　　马先生与相恋多年的女友即将步入婚姻的殿堂，两人共同在 P 小区购买了一套一居室。两人购买的房屋位于一楼，在购房时还获赠了一个附带的小花园。婚后不久，马先生的妻子就怀孕了。两人的房子面积小，厨房是开放式的。妻子怀孕后身体一直不好，每次在厨房做饭，油烟味都会让妻子难受很久。于是，马先生决定在花园里搭建一个能连通到室内的小屋，在妻子怀孕期间充当厨房使用。工人们搭建小屋的工程进行到一半，物业公司突然联系马先生，他搭建的是违章建筑，必须拆除。但马先生认为，既然小花园已经赠送给了自己，就是自己的财产，在小花园里搭建小屋，物业公司没有权利制止。见马先生拒不拆除小屋，物业公司的工作人员便带上工具，来到马先生家中直接将小屋拆除。那么，物业公司的做法合法吗？

法律解析

　　对于业主的违建行为，物业服务人只能进行制止，不能强行将违章建筑拆除。根据《民法典》第九百四十二条第二款和《物业管理条例》第四十五条的规定，对于本物业服务区内违反相关法律法规的行为，物业公司有权利进行制止，并应当将违法事实及时通知有关行政部门。也就是说，当业主实施了违法行为时，物业公司应当行使的权利主要有：一是对违法行为进行制止；二是向行政机关报告。换言之，物业公司对本小区只享有管理权，而不具备执法权。

在上面的案例中，马先生利用小花园搭建厨房。马先生搭建的厨房违反了法律的相关规定，是违章建筑，物业公司可以要求马先生将厨房拆除，并将小花园恢复原状。但是，物业公司在马先生拒不拆除厨房的情况下，没有依法向行政部门报告，而是直接上门对厨房进行了强制拆除。该物业公司的行为超越了其对该小区应尽的管理职责，是违反法律规定的。

法条链接

《中华人民共和国民法典》

第九百四十二条第二款　对物业服务区域内违反有关治安、环保、消防等法律法规的行为，物业服务人应当及时采取合理措施制止、向有关行政主管部门报告并协助处理。

《物业管理条例》

第四十五条　对物业管理区域内违反有关治安、环保、物业装饰装修和使用等方面法律、法规规定的行为，物业服务企业应当制止，并及时向有关行政管理部门报告。

有关行政管理部门在接到物业服务企业的报告后，应当依法对违法行为予以制止或者依法处理。

律师忠告

在制止物业服务区域内发生的违法行为时，物业服务人员要特别注意其制止行为程度的适当性，避免超越职权，使原本合法的制止行为变得不合法，增加诉讼风险。

67. 业主打通阳台外墙私建玻璃房，物业公司是否能对其提起诉讼？

案例在线

郭大爷退休后，喜欢种些花花草草陶冶情操。随着花盆越来越多，家里的空间也显得越来越小。郭大爷心想，正好家里是一楼，何不利用这个便利条件，向外扩建一个阳光房，专门用来养花呢？于是，郭大爷就雇了几名装修工人，将家里阳台的外墙打通，建个玻璃阳光房。还没建完，小区物业公司就发现了郭大爷的行为，连忙派人来阻止，并要求郭大爷将打通的外墙恢复原样。郭大爷却认为，他打通的是自己家的阳台，又没有危害到别人，坚决不同意物业公司的要求，还将物业公司工作人员从家里赶走。那么，对于郭大爷这样修建违章户外建筑的行为，物业公司能否作为诉讼主体对其提起诉讼呢？

法律解析

业主私自在户外搭建房屋，未经规划土地主管部门批准，也未领取建设工程规划许可证或临时建设工程规划许可证的，是典型的违章建筑行为，违反了法律的禁止性规定，必须依法予以拆除。对于业主的此种行为，物业公司有权根据《物业管理条例》第四十五条的规定，制止业主的行为，并向有关行政管理部门报告。同时，物业公司也可以作为独立的诉讼主体对业主提起诉讼。对此，《最高人民法院关于审理物业服务纠纷案件适用法律若干问题的解释》第一条规定，当业主违反物业服务合同或者法律、法规、管理规约，实施妨碍物业服务与管理的行为时，物业有权向法院提起诉讼，要求业主承担停止侵害、排除妨碍、恢复原状等相应民事责任。

在上面的案例中，郭大爷未经批准，便将住宅阳台的外墙打通，在住宅外搭建阳光房。该阳光房是违章建筑，郭大爷的行为违反了物业服务合同的约定，而且有可能影响到该栋建筑物的整体安全，危害其他业主权益，物业公司有权要求郭大爷在一定期限内进行拆除，并将外墙恢复原状。否则，物业公司也有权作为诉讼主体向法院提起诉讼，要求郭大爷承担停止侵害、排除妨碍、恢复原状等相应的民事责任。

法条链接

《物业管理条例》

第四十五条　对物业管理区域内违反有关治安、环保、物业装饰装修和使用等方面法律、法规规定的行为，物业服务企业应当制止，并及时向有关行政管理部门报告。

有关行政管理部门在接到物业服务企业的报告后，应当依法对违法行为予以制止或者依法处理。

《最高人民法院关于审理物业服务纠纷案件适用法律若干问题的解释》

第一条　业主违反物业服务合同或者法律、法规、管理规约，实施妨碍物业服务与管理的行为，物业服务人请求业主承担停止侵害、排除妨碍、恢复原状等相应民事责任的，人民法院应予支持。

律师忠告

　　业主对建筑物专有部分享有处分权，有权装修自己的住宅。但是，业主的装修活动只限于室内，且不得危害建筑物及其他业主权益，对于违反法律规定在室外搭建违章建筑的，物业公司有权要求业主恢复原状。

第七章　物业安保管理

68. 小区保安随意让社会人员进出小区，导致人身伤害事件发生，物业需要负责吗？

案例在线

A 物业公司将其负责的某小区的保安业务委托给 B 保安服务公司，并在保安的工作章程中写明，未经登记，业主以外的任何人都不得进入小区。陈某是 B 保安服务公司派遣到该小区的保安人员之一。某天傍晚，正值陈某执勤时，一名中年男子在小区门口徘徊了一会儿，便要通过安全闸门。陈某见他没有门卡，便上前询问他的身份。该名男子表示自己是该小区某位业主的亲戚，来这里探亲的。陈某询问其该业主的身份及住宅信息，男子都对答如流。于是陈某未经登记就让该男子进入了小区。事实上，该男子与他提到的业主之间并非亲戚关系，而是早有纠纷。男子进入小区后没多久就与该业主发生了争执，并将该业主打伤。那么，对于此结果，物业公司是否需要承担责任？

法律解析

根据《民法典》第九百四十一条第一款的规定，物业服务人将物业服务区域内的部分专项服务事项委托给专业性服务组织或者其他第三人的，应当就该部分专项服务事项向业主负责。从此条规定可以看出，法律允许物业服务人将部分服务事项委托给专业组织，但这并不代表物业服务人就可以因此减轻其对业主承担的责任。如果因受委托人的过错而导致业主受到损害的，物业服务人依然需要承担赔偿责任。

在上面的案例中，A 物业公司将其承担的保安业务委托给了 B 保安服务公司，这是符合法律规定的，但 A 物业公司并不会因此而免除对业主的安保服务责任，其仍应当对 B 保安服务公司派遣的保安人员的工作负责。根据该物业保安工作章程的规定，社会人员进入小区必须登记。派遣人员陈某未经登记就允许社会人员进入小区，违反了工作章程的规定，最终导致小区某业主遭受人身损害，陈某的行为存在一定的过错，B 保安服务公司应当承担责任。

法条链接

《中华人民共和国民法典》

第九百四十一条第一款　物业服务人将物业服务区域内的部分专项服务事项委托给专业性服务组织或者其他第三人的，应当就该部分专项服务事项向业主负责。

律师忠告

物业服务合同是物业服务人与业主之间签订的，物业服务人也就对业主负有直接的责任。物业服务人将专项服务业务委托给他人后，并不代表就此可高枕无忧，其仍需要履行相应的物业服务责任。

69. 业主在家中遭人杀害，物业在已尽管理职责的情况下还需要承担责任吗？

案例在线

严女士是 C 小区的业主，有一名交往一年的男朋友马某。随着交往时间越来越长，严女士认为马某的性格比较偏激，不适合结婚，便向马某提出了分手。马某认为严女士提出分手是因为她有了外遇，便对她怀恨在心，还时不时的到严女士家中纠缠她。一天，马某和严女士再次起了争执，激动之下失手将严女士杀害。马某被依法逮捕后，严女士的家人认为是物业公司没有履行好安保职责，才使得马某有了进入小区杀害严女士的机会，想要追究物业的赔偿责任。后经过查证，当天马某进入小区时，当值保安按照规定对马某进行了必要的盘查和登记，小区内也一直有保安在巡逻，物业已经尽到了应尽的安全保障职责。那么，在此种情况下，物业公司还需要对严女士的死亡承担责任吗？

法律解析

根据《物业管理条例》第四十六条的规定，物业服务企业担负着保护本物业管理区域内业主人身和财产安全的责任，应当协助做好物业管理区域内的安全防范工作。在发生安全事故时，物业服务企业在采取应急措施的同时，应当及时向有关行政管理部门报告，协助做好救助工作。按照该条例规定，物业服务人对服务的小区负有必要的安全保障责任，但物业服务人即使在尽到安全管理责任的情况下，也无法百分之百保证完全不发生安全事故。在这样的情况下，如果依然要求物业服务人承担责任，从实践角度来讲，未免有些强人所难，不合理地加重了物业服务人的责任。因此，法律规定只要物业服务人尽到了必要的安全保障责任，则可以此免除相应的责任。

在上面的案例中，严女士在小区住宅内被前男友马某杀害。案件发生时，该小区的物业公司已按照规定进行安保工作，在合理范围内尽到了安全保障职责，在安保方面并不存在过错。严女士遇害是超出物业公司预料的，物业公司无须对严女士遇害的结果承担责任。当然，物业公司在发现案件发生后，应当按照《物业管理条例》第四十五条的规定，及时制止并控制马某，并尽快将此事报告给警方，配合警方的调查。

法条链接

《物业管理条例》

第四十五条　对物业管理区域内违反有关治安、环保、物业装饰装修和使用等方面法律、法规规定的行为，物业服务企业应当制止，并及时向有关行政管理部门报告。

有关行政管理部门在接到物业服务企业的报告后，应当依法对违法行为予以制止或者依法处理。

第四十六条　物业服务企业应当协助做好物业管理区域内的安全防范工作。发生安全事故时，物业服务企业在采取应急措施的同时，应当及时向有关行政管理部门报告，协助做好救助工作。

物业服务企业雇请保安人员的，应当遵守国家有关规定。保安人员在维护物业管理区域内的公共秩序时，应当履行职责，不得侵害公民的合法权益。

律师忠告

物业服务人对业主担负的安全保障职责应当在物业服务合同约定的范围内开展。要求物业服务人保障业主的权利完全不受侵害是超出合同约定的，也是不现实的。

70. 保安看到业主被人殴打而未进行制止，物业公司是否应当承担责任？

案例在线

韩女士居住在 P 小区。一天下班后，她刚走到自己家楼下，身后突然有几个人气势汹汹地追了上来。领头的陌生女人一把抓住韩女士，一边大声喊着韩女士是"小三"，一边指挥其他两个人控制住韩女士，对她进行殴打。韩女士不停地挣扎呼救，围观的人越来越多，但始终没人上前施以援手。正在执勤的保安彭某见人群聚集，便上前查看情况。在旁边观望了一会儿以后，彭某认为韩女士插足别人家庭，挨打也是活该，便不想招惹麻烦，没有上前阻止。事后，韩女士认为彭某作为保安，却眼睁睁地看着业主被殴打而不阻止，侵犯了她作为业主的权利，要求物业公司对此承担责任。那么，物业公司是否应当对韩女士承担赔偿责任呢？

法律解析

根据《物业管理条例》第四十五条和第四十六条的规定，物业公司应当做好本物业管理区域内的安全防范工作，在发生违反治安管理相关法律的行为时，应当及时制止，并向有关行政部门报告。物业服务人雇请的保安人员也应当依法履行保护业主人身和财产安全的职责，物业服务人对保安的行为负责。同时，《保安服务管理条例》第二十九条第二款规定，保安员有义务对服务区域内的违法犯罪行为进行阻止，阻止无效时应当报警，并保护现场。由此可知，无论是物业公司还是保安，面对业主遭受人身损害时都有阻止的义务，否则应当对业主的损害结果承担责任。

在上面的案例中，韩女士在自己家楼下遭人殴打，小区保安人员彭某明明目睹了事件，却选择视而不见。他没有履行自己应尽的工作职责，在能够保护业主权利的情况下没有采取措施，违反了法律相关规定。物业公司作为彭某的雇用方，应当对彭某进行相关培训，也应当对彭某的工作进行监督管理，更应当对彭某的失职行为负责。因此，因彭某的失职行为给韩女士造成损害的，物业公司应当对韩女士承担赔偿责任。

法条链接

《物业管理条例》

第四十五条　对物业管理区域内违反有关治安、环保、物业装饰装修和使用等方面法律、法规规定的行为，物业服务企业应当制止，并及时向有关行政管理部门报告。

有关行政管理部门在接到物业服务企业的报告后，应当依法对违法行为予以制止或者依法处理。

第四十六条　物业服务企业应当协助做好物业管理区域内的安全防范工作。发生安全事故时，物业服务企业在采取应急措施的同时，应当及时向有关行政管理部门报告，协助做好救助工作。

物业服务企业雇请保安人员的，应当遵守国家有关规定。保安人员在维护物业管理区域内的公共秩序时，应当履行职责，不得侵害公民的合法权益。

《保安服务管理条例》

第二十九条第二款　保安员应当及时制止发生在服务区域内的违法犯罪行为，对制止无效的违法犯罪行为应当立即报警，同时采取措施保护现场。

> **律师忠告**
>
> 保安的职责除保护业主的人身和财产权利外，还应当维持小区内正常的生活秩序。当业主在小区内被人殴打时，无论业主是否受到实质性的伤害，也无论业主被殴打的原因如何，保安都应当在职责范围内进行制止。

71. 保安擅自闯入业主家中给业主造成惊吓，物业公司是否需要对此负责？

案例在线

莫女士是一名单身女性，独自居住在美丽小区的一套一居室内。一天晚上，莫女士在家工作到深夜，正准备睡觉时，突然听见门口有响动。她前往门口查看，发现一名穿着保安制服的陌生男性正在打开她家的房门进入屋内。莫女士吓坏了，大声喝止对方，要求对方出去，并拿出手机准备报警。对方见莫女士要报警，连忙道歉，称自己是小区内的保安，巡逻时发现莫女士家门没关严，这才来查看情况。话音一落，他就匆忙离开了。第二天，惊魂未定的莫女士前往物业公司询问此事，物业公司确定该名男子正是新来的保安人员陈某。莫女士认为陈某擅闯她家的行为给她造成了很大的惊吓，要求物业公司对她进行精神损害赔偿。那么，物业公司是否需要对莫女士承担赔偿责任呢？

法律解析

根据《物业管理条例》第四十六条的规定，物业服务人有义务保障本物业服务区域内的安全，并应当采取一系列措施做好安全防范工作。同时，物业服务人可以雇请保安人员在本小区内进行站岗、巡逻等，以保护业主的人身和财产安全，维护小区内秩序。但是，保安人员在履行职责时，不得侵害业主的合法权益。如果保安人员的行为给他人造成损害的，物业公司作为雇用方，也应当对损害结果承担相应的责任。

在上面的案例中，莫女士深夜在家，保安人员陈某擅自闯入莫女士家中。虽然陈某作为保安，确实有着保护业主安全的职责，但是当发现业主家门未关好时，陈某可以采取更好的解决方法，如先敲门确认业主是否在家，或给业主打电话询问情况等。陈某却直接推门进入业主家中，给莫女士造成了惊吓，其行为是存在过错的。如果莫女士有证据证明其人身权益因陈某的行为受到了实质性的损害，物业就应当对莫女士进行精神损害赔偿。

法条链接

《物业管理条例》

第四十六条　物业服务企业应当协助做好物业管理区域内的安全防范工作。发生安全事故时，物业服务企业在采取应急措施的同时，应当及时向有关行政管理部门报告，协助做好救助工作。

物业服务企业雇请保安人员的，应当遵守国家有关规定。保安人员在维护物业管理区域内的公共秩序时，应当履行职责，不得侵害公民的合法权益。

律师忠告

物业服务企业的工作人员在履行职务时，应当注意在不侵害业主合法权益的前提下，选择解决问题的恰当方式。如果因其行为不适当给业主造成损害的，物业服务人也应当承担相应的责任。

72. 物业禁止住户安装防盗窗，住户家中失窃，物业是否需要担责？

案例在线

半年前，位于 A 小区的某位住户因错误用火，造成火灾。该住户家在二楼，本来可以通过窗户逃到室外，但因安装了防盗窗，导致错失了逃生时机。幸好消防员及时赶到，该住户才被救出火海。此事件过后，A 小区的物业公司担心类似的事件再次发生，便要求小区内所有低楼层的住户将已安装的防盗窗全部拆除，未安装防盗窗的住户禁止安装防盗窗。不久前，家住该小区某单元一楼的业主刘女士回家时，发现家中失窃，大量贵重物品丢失，而小偷正是从未安装防盗窗的窗户闯进她家中。刘女士认为家中失窃，没有安装防盗窗是直接原因，而禁止安装防盗窗的物业公司有着不可推卸的责任，遂要求物业公司进行赔偿。那么，物业公司需要对刘女士家中失窃的事情承担责任吗？

法律解析

根据《物业管理条例》第四十六条第一款的规定，物业服务人有义务做好本物业管理区域内的安全防范工作。本条规定中的安全防范工作旨在保护业主的人身和财产安全，主要以预防为主，包括但不限于完善治安管理体系，加强对安保人员培训，定期在小区内进行巡逻，发现违法活动及时制止并报警，安装防盗设备，如摄像头、防盗窗等。如果业主家中失窃是由于物业的安保工作存在疏失，那么物业就应当对业主家中失窃的结果承担责任。

在上面的案例中，A 小区的住户家里发生火灾，因安装防盗窗而延误了逃生时机，物业公司为了防止此现象再次发生，便禁止业主安装防盗窗，结果又导致另一业主家中失窃。安装防盗窗是健全本小区安全防护体系中不可避免的一环，能够有效防止入户盗窃、入户抢劫等案件的发生，对保护业主的安全有着不可忽视的作用。物业公司对安装防盗窗采取"一刀切"的管理模式，导致小区内的安全防范工作出现漏洞，其对业主财产的损失也应当承担不可推卸的责任。因此，对于刘女士家中失窃所造成的损失，物业公司应当承担一定的责任。

法条链接

《物业管理条例》

第四十六条第一款　物业服务企业应当协助做好物业管理区域内的安全防范工作。发生安全事故时，物业服务企业在采取应急措施的同时，应当及时向有关行政管理部门报告，协助做好救助工作。

律师忠告

物业服务人应当在物业合同约定和法定范围内做好安全防范工作，对于在此范围以外的，业主在建筑专有部分独立进行的合理的安全防范工作，也不应阻止或妨碍，而避免损失的最有效措施，就是物业服务人与业主共同努力，健全小区的安保系统。

第八章　物业管理范围内的财产损害

73. 业主未按规定停放电瓶车，电瓶车着火给其他业主造成损害的，物业是否需要承担责任？

案例在线

　　某小区为避免发生安全事故，决定统一管理电瓶车。物业公司在小区的公告板和业主群中均发布了相应通知，要求业主将电瓶车停放在电瓶车专用车棚中，使用车棚内的充电桩为电瓶车充电。该小区的业主冯先生较为节俭，认为在充电桩充电比较贵，把车推回家充电能省些钱。于是，冯先生趁人不注意，悄悄地将电瓶车经由电梯推入家中，在阳台上充电。此后，冯先生常常悄悄地把电动车推入家中充电。虽然电瓶车爆炸属于很小概率的事件，但还是在冯先生身上发生了。冯先生的电瓶车在家中充电时发生爆燃，给楼上和楼下的住户都造成了不同程度的财产损失。那么，除了冯先生以外，物业公司是否需要承担责任？

法律解析

　　根据《物业管理条例》第四十六条第一款的规定，物业服务人有义务对本物业服务区域进行安全防范工作，最大限度地避免业主的财产和人身安全遭受损害。如果安全事故已经发生，物业也应当及时采取应急救助措施，并向相关行政管理部门报告。也就是说，对于本小区内可能存在的安全隐患，物业应当进行及时的排查工作，并采取相应的防护措施。

在上面的案例中，为了防止发生安全事故，物业通知业主应当将电瓶车停放在指定地点进行充电，其行为是正确且符合规范的。但是，物业应当同时考虑到会有业主抱有侥幸心理，违反规定在家中给电瓶车充电。对此，物业可以采取相应的防范措施，如派遣巡逻人员对电瓶车停放点进行巡逻，或鼓励业主之间相互监督，督促大家使用车棚内的充电桩为电瓶车充电，还可以加强对楼道、电梯等公共区域的监控。冯先生多次违规将电瓶车推入家中充电，不是一次两次了，按理说，物业公司应该能从电梯等监控视频中发现，但是物业公司并没有注意到。冯先生造成了其他业主的财产损失，当然需要对其他业主承担赔偿责任。而物业公司在管理方面亦难辞其咎，也应当承担一定的责任。

> **法条链接**

《物业管理条例》

　　第四十六条第一款　物业服务企业应当协助做好物业管理区域内的安全防范工作。发生安全事故时，物业服务企业在采取应急措施的同时，应当及时向有关行政管理部门报告，协助做好救助工作。

> **律师忠告**
>
> 　　物业公司对本小区内的安全管理不应只停留在口头，更应付诸实际行动。如果因物业未尽到充足的安全保障义务致使业主受到损害的，物业难辞其咎。

74. 物业是否需要对相邻业主之间发生的侵权行为负责？

案例在线

前不久，苗女士和新婚丈夫一起搬进了位于 A 小区的新房内。两人居住还没满一个月，一天，苗女士下班回家后，发现自己家中早已被污水淹没。她连忙到卫生间查看，发现污水是从马桶中溢出来的。苗女士清理干净污水后，又看到刚铺好没多久的实木地板已经被浸泡得起翘作废。苗女士立即将此事反映给了物业公司，经过物业公司调查，发现管道堵塞的起因是苗女士家楼上的邻居经常向马桶中倾倒各种垃圾。苗女士家的实木地板价格昂贵，楼上的邻居不想承担赔偿责任。一气之下，苗女士将楼上的邻居和物业公司一起告上法庭，除要邻居承担侵权责任外，还要求物业承担管理不善的责任。那么，苗女士的诉求能否得到支持？

法律解析

根据《物业管理条例》第三十四条和第三十五条的规定，物业服务人在提供服务时，应当按照物业服务合同约定的事项，尽职尽责地履行自己的义务。按照该条例第二条的规定，物业管理的内容主要包括对业主房屋及配套的设施设备和相关场地进行维修、养护、管理，维护物业管理区域内的环境卫生和相关秩序。业主与物业服务人之间的权利义务关系主要建立在物业服务合同的基础之上，对于物业服务合同中约定的义务，物业服务人没有履行或者履行不全面而造成业主的人身、财产受到损害的，应当承担对业主的违约责任。但是，如果业主的损害是超出物业服务人预料之外的，即使物业服务人尽到义务也无法避免，业主就不能要求物业服务人承担责任。

在上面的案例中，苗女士下班回家后，发现家里的地板被污水浸泡损坏，索赔无果，于是将邻居和物业公司一起告上法庭。因苗女士的财产损失是由邻居直接导致的，邻居必定要对此承担赔偿责任。而要确定物业公司是否同样需要对苗女士进行赔偿，则主要看物业公司是否尽到了自己应尽的义务。在进行判决时，法院可以从多个方面综合进行考虑，如苗女士家中被淹与公共排水管有无关系、物业公司是否定期对排水管道进行充分的维护、邻居堵塞马桶的行为是否为物业公司可以预见并避免的等。如果可以确定物业公司在履行义务中有疏忽，那么物业公司应当对苗女士承担赔偿责任，否则，就只能追究苗女士楼上邻居单方面的侵权责任。

法条链接

《物业管理条例》

第二条 本条例所称物业管理，是指业主通过选聘物业服务企业，由业主和物业服务企业按照物业服务合同约定，对房屋及配套的设施设备和相关场地进行维修、养护、管理，维护物业管理区域内的环境卫生和相关秩序的活动。

第三十四条 业主委员会应当与业主大会选聘的物业服务企业订立书面的物业服务合同。

物业服务合同应当对物业管理事项、服务质量、服务费用、双方的权利义务、专项维修资金的管理与使用、物业管理用房、合同期限、违约责任等内容进行约定。

第三十五条 物业服务企业应当按照物业服务合同的约定，提供相应的服务。

物业服务企业未能履行物业服务合同的约定，导致业主人身、财产安全受到损害的，应当依法承担相应的法律责任。

> **律师忠告**
>
> 物业服务人应当履行的职责涉及方方面面，不仅包括对公共设施、公共秩序等进行日常维护，还包括对安全隐患、意外事故应进行及时的检查与排除，尽可能保障业主的人身和财产安全。

75. 物业公司对管道疏于维护，导致住户家中漏水，应当赔偿吗？

案例在线

冯女士居住在某老式小区中，该小区距离建成已经过去了将近二十年的时间。前不久，冯女士发现自己家卫生间的顶棚突然开始漏水。她本以为是楼上的防水措施没有做好，在与楼上的邻居进行交涉后，冯女士发现楼上的排水与防水都没有任何问题。冯女士又询问了几个邻居，发现好几户人家都出现了和冯女士家里一样的现象。于是，冯女士联系了自己的一位在建筑行业的朋友，经咨询得知，可能是楼层之间的排水管道因年代太久未及时更换，导致管道出现裂缝，才出现渗水现象。随后，冯女士找到物业公司，要求物业公司查找原因、进行维修并对因漏水造成的天花板和热水器的损失进行赔偿。但是，物业公司以其今年才接手该小区的物业管理，不对以前的管道负责为由，拒绝对冯女士承担赔偿责任，而只答应找相关部门进行维修。那么，物业公司的说法是否合理？

法律解析

根据《物业管理条例》第二条的规定，物业管理，是指业主通过选聘物业服务企业，由业主和物业服务企业按照物业服务合同约定，对房屋及配套的设施设备和相关场地进行维修、养护、管理，维护物业管理区域内的环境卫生和相关秩序的活动。可以看出，对房屋及配套的设施设备进行维修、养护、管理是物业管理的项目之一，物业公司依据合同的约定，没有尽到此义务的，就要承担相应的责任。

　　当然，除物业服务企业外，其他单位如供电、水利部门等，也有着相应的履责内容。《物业管理条例》第五十一条规定，供水、供电、供气、供热、通信、有线电视等单位，应当对其所负责的相关管道、线路、设施等，履行维修、养护等责任。如果因其疏忽导致业主损失的，也应对业主进行合理赔偿。

　　在上面的案例中，冯女士家的天花板渗水，经过检查，发现是因排水管道年久失修所导致的。冯女士要求物业公司进行赔偿，物业公司以刚接手该小区物业管理为由予以拒绝的做法是不合理的。实际上，排水管道属于公共设施的一部分，理应属于物业管理和维护的范围，只要其存在可能造成业主损失的安全隐患，物业公司都应当定期维修。也可以理解为，在某物业公司的"服务期"内，其有义务对排水管道等公共设施进行监督和维护，如发现安全隐患问题，应该及时联系供水部门进行维修。除此之外，供水公司对排水管道也负有维修和养护责任，冯女士也可以要求供水公司与物业公司共同承担赔偿责任。

法条链接

《物业管理条例》

　　第二条　本条例所称物业管理，是指业主通过选聘物业服务企业，由业主和物业服务企业按照物业服务合同约定，对房屋及配套的设施设备和相关场地进行维修、养护、管理，维护物业管理区域内的环境卫生和相关秩序的活动。

　　第五十一条第一款　供水、供电、供气、供热、通信、有线电视等单位，应当依法承担物业管理区域内相关管线和设施设备维修、养护的责任。

律师忠告

　　物业服务企业依据物业服务合同对本物业服务区域提供物业服务，该义务并不会因物业服务企业接手服务区域的时间点而有所区别。

76. 业主装修导致邻居墙面受损，物业疏于管理的，是否应当承担赔偿责任？

案例在线

　　邹女士在某花园小区购买了一套住宅，并准备开始装修。装修前，邹女士前往物业公司进行装修告知，物业公司将邹女士的装修情况进行登记后，向邹女士收取了3000元装修押金，但并未向邹女士说明在装修过程中需要注意的问题。装修时，邹女士在不知道该住宅的墙体无法经受重击的情况下，要求工人在墙上凿出一个壁柜。该行为最终导致邻居家的墙面受损、墙皮剥落，需要对墙面进行整体加固并重新粉刷，给邻居造成了不小的财产损失。而在整个装修过程中，物业公司也从未派人对邹女士家的装修过程进行监督和检查。事后，邻居要求邹女士赔偿其损失。邹女士认为是由于物业公司管理不善，没有提前告知自己装修注意事项，要求物业共同承担赔偿责任。那么，在这种情况下，物业公司是否也需要承担赔偿责任呢？

法律解析

　　根据《民法典》第九百四十五条第一款和《物业管理条例》第五十二条的规定可以得知，在装修房屋的过程中，业主和物业公司分别承担着不同的义务。

首先，从业主的角度来讲，其义务主要有以下几点：第一，装修前，业主必须向物业履行告知义务；第二，在装修时，业主必须遵守装修注意事项；第三，业主必须配合物业公司进行必要的现场检查。其次，从物业的角度来讲，其义务主要是将装修房屋的相关注意事项告知业主，避免业主在装修过程中出现事故。

在上面的案例中，邹女士装修前将装修事项向物业公司进行了告知。从邹女士的角度看，她已经履行了告知义务。但是，物业公司在得知邹女士将要装修房屋后，并未将装修注意事项告知邹女士，也没有派人对邹女士的装修工作进行监督检查。邹女士的装修工作给邻居造成的损失，与物业公司未全面履行告知和监督义务有着密不可分的关系。由此可见，不应由邹女士一人对邻居的损失进行赔偿，物业公司同样需要承担一定的责任。

法条链接

《中华人民共和国民法典》

　　第九百四十五条第一款　业主装饰装修房屋的，应当事先告知物业服务人，遵守物业服务人提示的合理注意事项，并配合其进行必要的现场检查。

《物业管理条例》

　　第五十二条　业主需要装饰装修房屋的，应当事先告知物业服务企业。

　　物业服务企业应当将房屋装饰装修中的禁止行为和注意事项告知业主。

律师忠告

　　业主装修房屋时，物业公司要特别注意履行自己的提醒及监督义务。从业主的角度来讲，对于一些特定装修行为，单靠业主很难认识到这些行为的危险性，需要由物业公司对此进行提醒，从而避免不必要的麻烦与纠纷。

77. 业主家漏水导致电路故障，物业是否应当承担责任？

案例在线

包先生是某小区的业主。一天晚上，他独自在家时，家中的电路突然出现故障。不仅家中全部停电，还烧坏了部分电器。惊讶之下，包先生连忙出门查看，发现附近几户住户也有和他一样的问题，但是，当包先生前往附近居民楼时，却发现附近居民楼的电路正常运作。包先生十分疑惑，便前往物业询问情况。物业人员陪同包先生进行一番检查后，认定是楼上住户私改管道，导致管道漏水，渗进了电路中，这才导致附近居民的电路发生短路。包先生认为，这次事故与物业公司管理修护不善有关系，物业公司需要对此承担一定的责任，遂要求物业公司和楼上住户一起对他的财产损失进行赔偿。那么，物业公司是否需要对此承担责任？

法律解析

本案中物业公司是否需要承担责任，主要看物业公司在此事件中是否尽到了应尽的义务，确定该事件是否为在物业公司已尽管理义务的前提下，由业主的个人行为引发的意外事故。根据《物业管理条例》第四十六条第一款的规定，物业服务企业有义务做好本物业管理区域内的安全防范工作，如果在本区域内发现事故发生的，应当及时采取应急措施，并向有关部门报告，最大限度避免业主的人身和财产损失。此外，《民法典》规定，物业公司有义务对物业服务区域内违反有关治安、环保、消防等法律法规的行为，及时采取合理措施制止、向有关行政主管部门报告并协助处理。也就是说，如果物业公司在意外事故发生前（进行了相应的监督和防范）和发生中、发生后都已经尽到了应尽的职责，那么就不需要承担赔偿责任。

在上面的案例中，因其他业主私改管道导致漏水，进而导致包先生家中电路故障，家电被损毁，给他造成了一定的财产损失。包先生是否可以要求物业公司进行赔偿，主要看物业公司在此事故中究竟有没有责任。由于电路短路是因楼上住户私改管道行为所致，如果物业公司已经提前对该业主进行了必要的警示，告知其私改管道是不允许的，并在各个环节尽到了应尽的监督义务和向有关行政管理部门报告的义务，物业公司就不需要对包先生家的损失承担责任，否则，物业公司也应当承担一定的赔偿责任。

法条链接

《中华人民共和国民法典》

第九百四十二条　物业服务人应当按照约定和物业的使用性质，妥善维修、养护、清洁、绿化和经营管理物业服务区域内的业主共有部分，维护物业服务区域内的基本秩序，采取合理措施保护业主的人身、财产安全。

对物业服务区域内违反有关治安、环保、消防等法律法规的行为，物业服务人应当及时采取合理措施制止、向有关行政主管部门报告并协助处理。

《物业管理条例》

第四十六条第一款　物业服务企业应当协助做好物业管理区域内的安全防范工作。发生安全事故时，物业服务企业在采取应急措施的同时，应当及时向有关行政管理部门报告，协助做好救助工作。

律师忠告

如果物业公司在日常管理中已经尽到了其应尽的安全防范和妥善管理义务，但还是发生了事故，此时，物业还应当做好应急措施。如果因物业未及时采取措施而导致业主遭受损失，物业依然需承担责任。

78. 业主擅自封堵排水口给他人造成损失的，物业公司需要承担责任吗？

案例在线

十一期间，H小区的业主冯先生与家人一起回外地老家过节。从老家回来后，冯先生一家刚进家门，就发现家中的客厅里积了水，木制家具与木地板全部被泡坏。经过查看，冯先生发现是楼上住户刘某屋顶的排水孔被堵，前几天暴雨时雨水无法正常从排水孔排出，导致雨水全部外溢到了冯先生家的露台上，并通过露台流进了客厅。冯先生前往刘某家询问排水孔的事情，刘某承认排水孔是他之前装修的时候人为堵上的。冯先生对此非常气愤，将刘某和物业公司一同告上法庭，要求刘某和物业公司对他的损失进行赔偿。那么，在这种情况下，物业公司是否需要承担连带赔偿责任呢？

法律解析

本案中的物业公司因其未尽到应尽的管理职责应当对冯先生承担连带赔偿责任。根据《民法典》第九百四十二条第一款的规定，对于本物业服务区域内的共有部分，物业服务人是有义务进行妥善的维修和养护的。也就是说，当业主共有部分发生损坏时，物业服务人应当在合理期限内尽快对损坏部分进行维修。除此之外，当业主共有部分尚未损坏时，物业服务人也应当对共有部分进行检查和维护，延长共有部分的使用寿命，避免损坏情况的出现。

在上面的案例中，冯先生家中被淹导致财物受损，楼上住户刘某擅自堵塞排水管道，对冯先生的损失有着直接责任，应当对冯先生进行赔偿。而物业公司在刘某堵塞排水管道后，也没有对排水管道进行应有的检查，未能及时发现堵塞情况，导致雨水外溢，也应当对冯先生的损害结果承担一定的责任。

法条链接

《中华人民共和国民法典》

第九百四十二条第一款　物业服务人应当按照约定和物业的使用性质，妥善维修、养护、清洁、绿化和经营管理物业服务区域内的业主共有部分，维护物业服务区域内的基本秩序，采取合理措施保护业主的人身、财产安全。

律师忠告

对于物业服务区域内的公共设施，物业服务人不应将眼光局限于对已经破损的设施进行维修，更应当做好预防措施，避免业主的合法权益因此遭受损害，也避免发生不必要的纠纷。

79. 业主车位被他人占用，将车停放至公共车位后车被划伤，物业是否应当进行赔偿？

案例在线

沈女士是某花园小区的业主，与开发商签订了为期两年的地下车库车位租赁合同。一天，沈女士下班后，照常开车回家。当沈女士来到地下车库停车时，却发现自己的车位上停放着一辆陌生的汽车。沈女士当即与物业联系，要求物业找到该车辆的车主，立刻让出车位。经过物业的查询，沈女士得知该车辆的车主已经前往邻市出差，两天后才能回来。无奈之下，沈女士只能将车辆停放在地面的公共车位上。第二天，沈女士出门上班时，意外发现自己的车辆被划伤。调取监控后，查清划伤沈女士车辆的是本小区的一名儿童。那么，除该名儿童的父母外，物业公司是否需要对沈女士的损失承担赔偿责任？

法律解析

根据《民法典》第二百七十五条第一款的规定，建筑区划内，规划用于停放汽车的车位、车库的归属，由当事人通过出售、附赠或者出租等方式约定。也就是说，当业主和开发商签订了车位租赁合同后，业主便对特定车位享有专门的使用权。而物业服务人则应当按照物业服务合同的约定为业主提供服务，对物业管理区域进行管理。但是，如果没有特别的约定，物业服务人并没有对业主因租赁车位而产生对业主车辆的管理权。

在上面的案例中，沈女士发现自己的车位被他人占用后，找到物业。物业公司作出积极响应，联系到了车主，但是因车主不在本地无法及时挪车。可以说，在这个程度上，物业公司已经尽到了协调的义务，物业公司无权擅自挪车。沈女士因车位被占而将汽车停放到公共车位上，导致车辆被划伤，财产受到损失，承担此责任的应为划伤车辆的儿童的监护人，而非物业公司。因为，物业公司对沈女士的汽车没有保管义务，沈女士的车位被他人占用，物业已经尽到协调义务。总之，让物业公司和侵权人一起承担沈女士的损失，是不公平的，也是没有法律依据的。

法条链接

《中华人民共和国民法典》

第二百七十五条第一款 建筑区划内，规划用于停放汽车的车位、车库的归属，由当事人通过出售、附赠或者出租等方式约定。

《物业管理条例》

第三十五条第一款 物业服务企业应当按照物业服务合同的约定，提供相应的服务。

律师忠告

　　物业服务人有义务按照物业服务合同的约定为业主提供服务，即使物业服务合同的约定比较笼统，服务范围也不是无限的。例如，对业主的车辆，在没有事先约定物业公司要派保安进行巡逻看管的情况下，因其他侵权人故意损害而导致车辆受损的，物业公司不应该承担连带赔偿责任。

第九章　物业管理范围内的人身伤害

80. 高空坠物致业主受伤的，物业需要负责吗？

　　房先生是居住在某小区的业主，平时晚饭后，他经常到小区里遛弯，活动一下身体。一天，房先生像往常一样，与妻子两个人在小区里遛弯。当两人走到一栋楼下时，头顶上方突然掉下来一个花盆。情急之中，房先生迅速推开妻子，自己却被花盆砸中了脚背，导致骨折。事后，经过警方调查，花盆是该楼八层住户放置在阳台上的，因没有放稳而坠落。该小区的楼房设有八层，阳台全部是露天开放式的，高层的阳台也并没有安装防坠物防护网。房先生认为这是物业管理上的疏失，才导致高空坠物事件发生，除该住户需要赔偿自己损失外，物业公司也应当承担赔偿责任。那么，房先生的主张是否正确？该物业公司需要对高空坠物造成的人身或财产损失负责吗？

法律解析

　　随着时代的发展，建筑高度增高，高空坠物现象也就成为一种新的安全隐患。在《民法典》中，特别对高空坠物侵权行为进行了具体规定，以明确各方应当承担的责任。《民法典》第一千二百五十四条规定，高空坠物造成他人损害的，主要由侵权人承担侵权责任；如果侵权人难以确定，除了能证明自己不是侵权人的以外，其他可能造成高空坠物的建筑物使用人都应当对受害人进行赔偿。同时，如果物业服务企业等建筑管理人未采取必要的安全保障措施，也应当对高空坠物承担一定的侵权责任。从本条规定可以看出，高空坠物致人损害的责任主体主要有两个：一是侵权人或可能造成侵权结果的人；二是物业服务企业等建筑管理人。

在上面的案例中，房先生因高空坠落的花盆导致脚背骨折，遭到了人身损害。在这种情况下，房先生有权要求该花盆的所有人，即该栋楼八层住户对他进行赔偿。而物业是否需要承担责任主要在于物业是否尽到了应当履行的安全保障义务。从案例中看，该小区的阳台均为露天式，按照常理，为了避免高空坠物现象的发生，应当对高楼层的阳台通过安装防坠物防护网等方式进行保护，但该小区并未采取类似的措施。由此可见，该小区物业并未尽到合理的安全保障义务，也应当对房先生承担赔偿责任。

法条链接

《中华人民共和国民法典》

第一千二百五十四条　禁止从建筑物中抛掷物品。从建筑物中抛掷物品或者从建筑物上坠落的物品造成他人损害的，由侵权人依法承担侵权责任；经调查难以确定具体侵权人的，除能够证明自己不是侵权人的外，由可能加害的建筑物使用人给予补偿。可能加害的建筑物使用人补偿后，有权向侵权人追偿。

物业服务企业等建筑物管理人应当采取必要的安全保障措施防止前款规定情形的发生；未采取必要的安全保障措施的，应当依法承担未履行安全保障义务的侵权责任。

发生本条第一款规定的情形的，公安等机关应当依法及时调查，查清责任人。

> **律师忠告**
>
> 解决高空坠物、高空抛物侵权问题，最重要的是找到责任主体。为了更好地保护受害者的利益，《民法典》规定物业服务企业等建筑管理人为责任主体，物业服务人应当对此特别注意。

81. 因楼道设计问题导致住户摔伤的，应当由谁来承担责任？

案例在线

老蔡奋斗了一生，最大的愿望就是以后能到一座小城市里悠闲地度过晚年生活。退休后，老蔡带着自己前半生的积蓄，和老伴一起来到某座以景色优美著称的城市，购买了一套房屋。在买房时，该小区的开发商便以该小区十分适合老年人养老作为卖点，老蔡也正是相中了该小区的人文环境和物业服务，毫不犹豫地买了该小区一套中层楼房。一天，老蔡像往常一样准备到楼下遛弯时，发现电梯因为维修停运。老蔡心想，反正楼层也不高，干脆就走楼梯下去吧，还能锻炼身体。没想到，老蔡还没下几个台阶，就因为台阶太过陡峭，脚一滑摔了下去，腿也因此骨折了。那么，应当由谁来对老蔡受伤的结果承担责任呢？

法律解析

根据《民法典》第九百四十二条第一款和《物业管理条例》第五十五条第一款的规定，物业服务人对本物业服务区域内的设施具有维修、养护的义务，当设施存在安全隐患时，物业服务人应当及时采取措施，避免业主的人身权利和财产权利受到损害。同时，《建设工程质量管理条例》第三条和第二十四条规定，建设单位和设计单位应当对建设工程的质量负责，设计单位对因设计造成的质量事故，应当提出相应的技术处理方案。也就是说，当业主因建筑设计问题遭受损害时，开发商和物业公司都需要承担一定的责任。

在上面的案例中，老蔡因楼梯陡峭（高低差太大）而摔倒，导致腿部骨折，与楼梯的设计因素密不可分。具体来说，该小区在以适合养老为卖点的前提下，却有着如此不适宜老年人行动的楼梯设计，开发商有着不可推卸的责任，必然要承担一定的责任。而物业公司作为该小区的物业服务人，负有维护业主安全的义务，也应当及时察觉到建筑的设计问题，而采取相应的警示措施。因此，根据《民法典》第二百八十七条的规定，老蔡可以要求物业公司和开发商一起对他遭受的人身损害承担赔偿责任。

法条链接

《中华人民共和国民法典》

第二百八十七条 业主对建设单位、物业服务企业或者其他管理人以及其他业主侵害自己合法权益的行为，有权请求其承担民事责任。

第九百四十二条第一款 物业服务人应当按照约定和物业的使用性质，妥善维修、养护、清洁、绿化和经营管理物业服务区域内的业主共有部分，维护物业服务区域内的基本秩序，采取合理措施保护业主的人身、财产安全。

《物业管理条例》

第五十五条第一款 物业存在安全隐患，危及公共利益及他人合法权益时，责任人应当及时维修养护，有关业主应当给予配合。

《建设工程质量管理条例》

第三条 建设单位、勘察单位、设计单位、施工单位、工程监理单位依法对建设工程质量负责。

第二十四条 设计单位应当参与建设工程质量事故分析，并对因设计造成的质量事故，提出相应的技术处理方案。

律师忠告

对于建筑的安全隐患问题，不仅建设单位在设计施工时应当注意避免，物业公司在提供物业服务时也应当尽到提醒义务，防止业主受到人身或财产损害，否则可能因建筑的安全隐患而使自身处于风险境地。

82. 因电梯事故致人受伤时，物业公司是否需要承担责任？

案例在线

萧先生是某小区的业主，工作很忙，经常需要加班，很晚才能回家。一天，萧先生又加班到深夜，疲惫万分地迈入了电梯，准备等会儿到家好好休息一下。没想到，电梯刚上升到三层，就突然发生了制动故障，急速坠落到了一楼，没有防备的萧先生在慌乱之中摔伤了手臂和脚。电梯停下后，萧先生按下了电梯中的紧急呼叫按钮，但过了很长时间物业才派维修人员来检查电梯状况。由于被困在电梯内的时间过长，给萧先生留下了很大的心理创伤。萧先生出院后到物业找人要说法，物业却表示电梯事故事发时正值深夜，无法及时派人维修也情有可原。那么，物业公司是否需要对萧先生的损害承担责任呢？

法律解析

根据《民法典》第一千二百五十三条的规定，建筑物、构筑物或者其他设施及其搁置物、悬挂物发生脱落、坠落造成他人损害，所有人、管理人或者使用人不能证明自己没有过错的，应当承担侵权责任。也就是说，电梯作为建筑物内的设施，物业服务人员作为管理人员，负有维护其正常运行的职责。只要物业服务人员无法证明自己没有过错，就应当承担损害赔偿责任。同时，《民法典》第九百四十二条第一款规定，物业服务人应当按照约定和物业的使用性质，妥善维修、养护、清洁、绿化和经营管理物业服务区域内的业主共有部分，维护物业服务区域内的基本秩序，采取合理措施保护业主的人身、财产安全。物业服务人基于物业服务合同的约束，对业主的人身和财产安全负有保护义务。在物业服务区域内的设施发生老化、破损的情况下，物业有义务及时检修，避免事故发生，否则就要对因未尽到合理保护义务而导致的损害承担赔偿责任。

在上面案例中，萧先生在电梯中发生了安全事故，应当由物业对他进行及时救助和承担赔偿责任。物业却以事发时正值深夜为由，企图减轻自己的责任，这种借口是行不通的。《物业管理条例》第四十六条第一款规定，物业服务企业应当协助做好物业管理区域内的安全防范工作。发生安全事故时，物业服务企业在采取应急措施的同时，应当及时向有关行政管理部门报告，协助做好救助工作。由此可见，无论事故发生在什么时候，物业服务人都应当第一时间采取相应措施，保障业主的生命安全。

法条链接

《中华人民共和国民法典》

第九百四十二条第一款　物业服务人应当按照约定和物业的使用性质，妥善维修、养护、清洁、绿化和经营管理物业服务区域内的业主共有部分，维护物业服务区域内的基本秩序，采取合理措施保护业主的人身、财产安全。

第一千二百五十三条　建筑物、构筑物或者其他设施及其搁置物、悬挂物发生脱落、坠落造成他人损害，所有人、管理人或者使用人不能证明自己没有过错的，应当承担侵权责任。所有人、管理人或者使用人赔偿后，有其他责任人的，有权向其他责任人追偿。

《物业管理条例》

第四十六条第一款　物业服务企业应当协助做好物业管理区域内的安全防范工作。发生安全事故时，物业服务企业在采取应急措施的同时，应当及时向有关行政管理部门报告，协助做好救助工作。

律师忠告

　　对于物业管理区域内可能发生安全隐患的公共设施、设备，物业服务人应当定时查验，定期维护，避免出现人身伤害事故，否则就要承担侵权责任。

83. 住户被小区内堆放的建筑垃圾绊倒摔伤的，物业公司需要赔偿吗？

案例在线

　　周大爷一家居住在某市的幸福小区，由于儿子和儿媳工作繁忙，他便担负起每天接孙子小明放学的任务。一天，周大爷出门时，发现小区里来了个施工队，正在进行路面翻新，而施工时产生的建筑垃圾随意堆放在路上。周大爷很想跟物业说一下情况，但见小明放学的时间就要到了，便匆匆赶往学校。不一会儿，周大爷和小明就一起说说笑笑地回到小区。小明兴奋地告诉周大爷，他今天在体育课上短跑得了第一名。说着，小明就跑了起来。周大爷刚要提醒小明小心，小明就绊倒在了建筑垃圾上，身上不少部位都摔破了皮出了血。那么，物业公司需要对此承担赔偿责任吗？

法律解析

　　《民法典》第一千二百五十六条规定，在公共道路上堆放、倾倒、遗撒妨碍通行的物品造成他人损害的，由行为人承担侵权责任。公共道路管理人不能证明已经尽到清理、防护、警示等义务的，应当承担相应的责任。可以看出，公共道路上堆放物品致人损伤的责任主体主要有两个：一是堆放物品的行为人；二是未尽到应尽义务的公共道路管理人。因在公共道路上乱推乱放致人损伤的，实际行为人和负有管理义务且不能自证尽到义务的人都需要对此承担侵权赔偿责任。

在上面的案例中，进行路面翻新的施工队将建筑垃圾堆放在小区的公共道路上，导致小明绊倒摔伤，该施工队应当为小明的受伤结果负责。而该小区的物业服务人在明知道小区内有施工队的情况下，未对小区内的建筑垃圾进行监督和及时清理，也没有对小区内的居民作出合理的警示。该小区的物业服务人并未履行其应当履行的职责，也应当对小明承担相应的赔偿责任。因此，小明受伤的责任需要施工队和该小区的物业公司一起承担。

法条链接

《中华人民共和国民法典》

第一千二百五十六条　在公共道路上堆放、倾倒、遗撒妨碍通行的物品造成他人损害的，由行为人承担侵权责任。公共道路管理人不能证明已经尽到清理、防护、警示等义务的，应当承担相应的责任。

律师忠告

在物业管理区域内存在安全隐患时，物业服务人首先应当尽到警示和防护义务，并及时对安全隐患进行排除。

84. 业主违反规定在小区内燃放烟花爆竹导致事故时，物业公司是否应当承担责任？

案例在线

　　小莫今年12岁，由于父母工作繁忙，便一直托乡下的爷爷奶奶照顾小莫。随着爷爷奶奶的年纪越来越大，也越来越没有精力照顾小莫。于是，小莫告别爷爷奶奶，来到城市中和父母一起生活。初来城市，小莫有许多地方都不太习惯。眼看就要过年了，物业公司张贴告示，表示根据政府规定，禁止住户过年时在小区内及小区附近的街道上燃放烟花爆竹。小莫对此十分不理解，他认为过年时要听听鞭炮的响声才有过年的气氛。小莫利用零花钱买了鞭炮，小莫的妈妈看到后，提醒小莫小区内不让放鞭炮，而小莫的爸爸却不以为然，认为放两下只要物业没人管也没事。于是，小莫来到小区广场空地处燃放鞭炮，此时正值大年二十九晚上八点左右。让人未料到的是，小莫因躲闪不及时，被鞭炮炸伤了手。对此，物业公司是否应当承担责任？

法律解析

　　根据《烟花爆竹安全管理条例》第二十八条的规定，燃放烟花爆竹，应当遵守有关法律、法规和规章的规定。县级以上地方人民政府可以根据本行政区域的实际情况，确定限制或者禁止燃放烟花爆竹的时间、地点和种类。对于违反规定燃放烟花爆竹的行为人，可以对其进行相应的行政处罚。同时，《民法典》第九百四十二条第二款规定，对物业服务区域内违反有关治安、环保、消防等法律法规的行为，物业服务人应当及时采取合理措施制止并向有关行政主管部门报告并协助处理。也就是说，对于违反规定燃放烟花爆竹的行为，物业服务人有及时制止并向行政主管部门报告的义务。

在上面的案例中，小莫违反当地烟花爆竹管理的相关规定，悄悄在小区广场燃放鞭炮，导致手被炸伤。首先，小莫燃放爆竹的行为违反了相关法律法规，他的行为存在过错，需要对自己受伤的结果承担责任。当然，小莫是一名未成年人，他的父母应当对他尽到监护和教育职责。特别是小莫的爸爸对其的放纵更能显示出家长监护职责的不到位。因此，小莫受伤，小莫的父母应当承担主要的责任。其次，物业服务人应当对此尽到相应的安全管理责任，物业虽然张贴了告示，但没有派出保安等人员在小区广场等较易发生鞭炮燃放事件的地方进行巡查和制止，可以说没有完全尽到安全管理责任，也有一定的责任。

法条链接

《中华人民共和国民法典》

第九百四十二条第二款　对物业服务区域内违反有关治安、环保、消防等法律法规的行为，物业服务人应当及时采取合理措施制止、向有关行政主管部门报告并协助处理。

《烟花爆竹安全管理条例》

第二十八条　燃放烟花爆竹，应当遵守有关法律、法规和规章的规定。县级以上地方人民政府可以根据本行政区域的实际情况，确定限制或者禁止燃放烟花爆竹的时间、地点和种类。

律师忠告

物业服务人对于本物业管理区域内有安全隐患的事务担负着预防、控制和制止的职责，应避免因未充分尽到相应职责而给业主带来损害，而使自身承担相应的责任。

85. 物业公司在业主群内指名道姓批评业主，是否侵犯业主的名誉权？

案例在线

某小区内有一住户罗某，经常将生活垃圾和家里的杂物随意堆放在楼道里，妨碍其他住户正常通行，也造成楼内环境脏乱。久而久之，左邻右舍都对他产生了很大的意见，纷纷向物业公司投诉。物业公司多次派工作人员到罗某家，与他进行沟通。罗某每次都在嘴上答应得好好的，但物业工作人员一走又继续我行我素。附近住户反复上门沟通无果，对罗某忍无可忍，便对物业公司施加压力。物业公司对罗某的行为也感到十分气愤，便在业主微信群内对罗某进行了点名批评，把他的所作所为都列举了出来，要求罗某立刻整改。这样一来，全小区的人都知道了罗某的行为，经常有人对他指指点点。那么，物业公司的行为是否侵犯了罗某的名誉权呢？

法律解析

要判断物业公司是否侵犯了罗某的名誉权，不仅要看他人对罗某名誉的评价是否降低，还要看物业公司在实施影响罗某名誉权行为时的手段是否违法。根据《民法典》第一千零二十四条的规定，名誉是对民事主体的品德、声望、才能、信用等的社会评价。任何组织或者个人不得以侮辱、诽谤等方式侵害他人的名誉权。由此条规定可知，侵犯他人名誉权的方式主要是侮辱和诽谤，进而导致社会对其评价降低。也就是说，只有当他人的行为具有贬损他人人格或夸大捏造事实的性质时，才会侵犯他人的名誉权。

在上面的案例中，罗某在楼道中堆放生活垃圾和个人杂物，对其他住户的正常生活产生了影响，并屡教不改。物业公司在忍无可忍之下，对罗某进行了公开批评。物业公司只是将罗某的行为发布在了本小区的业主群中，并未超出本小区范围。在对罗某进行批评时也只是如实阐述了罗某的行为，并未夸大或捏造事实。由此可见，物业公司的行为只是在维护本小区其他业主的正当权利，维护小区的环境卫生和良好秩序，不能认定物业公司的行为侵犯了罗某的名誉权。

法条链接

《中华人民共和国民法典》

第一千零二十四条 民事主体享有名誉权。任何组织或者个人不得以侮辱、诽谤等方式侵害他人的名誉权。

名誉是对民事主体的品德、声望、才能、信用等的社会评价。

律师忠告

名誉权是民事主体享有的人格权利的一种，如果使用合法方式对他人的名誉产生合理范围内的影响，不属于侵犯他人名誉权，但合理的限度在实践中并不太好把握，因此不建议物业服务人采用在业主微信群内曝光的方式进行物业管理。

86. 物业公司未隐去业主私密信息便将对欠费业主的起诉书在小区内公开，是否侵犯业主权利？

案例在线

某小区业主徐某经常无故拖欠物业费，物业公司多次催交，徐某仍然不为所动。无奈之下，物业公司只能将徐某告上法庭，法院判处徐某将拖欠的物业费一次性结清。法院下达判决书后，物业公司拿着判决书找到徐某，要求徐某交清物业费。但是徐某为了躲避物业工作人员，每天早出晚归，还将物业经理的手机号码拉黑，并退出了业主群。物业公司为了催促徐某交费，一气之下，在未对判决书中徐某的身份证号及其他个人信息进行模糊处理的情况下，直接将法院判决书张贴在了小区的布告栏内。那么，物业公司的行为是否侵犯了徐某的合法权利呢？

法律解析

本案主要涉及物业公司的做法是否违法处理了徐某的个人信息的问题。根据《个人信息保护法》第四条的规定，凡是以电子或其他方式记录的能够识别出特定自然人的信息，都属于自然人的个人信息。自然人的个人信息受法律的保护，任何人不得违法进行处理。同时，该法第六条还规定，在处理个人信息时，应当具有明确、合理的目的，并应当与处理目的直接相关，且对个人权益损害最小。如果超出此限度对他人的个人信息进行处理，都属于违法处理他人个人信息的行为。

在上面的案例中，因为徐某不交物业费，物业公司便向法院提起了诉讼，要求徐某缴付拖欠的物业费。到此阶段为止，物业公司的行为都是符合法律规定的。判决书下达后，徐某仍然拒绝支付拖欠物业费，在此种情形下，物业公司就可以向法院提出申请，要求对徐某进行强制执行。但是，物业公司却没有选择合法的方式，而是将判决书直接张贴在小区内给徐某施加压力，并且没有隐去徐某的个人身份信息。将判决书进行公布对物业公司追讨物业费的行为可能没有太大帮助，反而物业公司披露业主个人信息的行为明显超出了法律限度，侵犯了徐某的个人隐私。

法条链接

《中华人民共和国个人信息保护法》

第二条　自然人的个人信息受法律保护，任何组织、个人不得侵害自然人的个人信息权益。

第四条　个人信息是以电子或者其他方式记录的与已识别或者可识别的自然人有关的各种信息，不包括匿名化处理后的信息。

个人信息的处理包括个人信息的收集、存储、使用、加工、传输、提供、公开、删除等。

第六条第一款　处理个人信息应当具有明确、合理的目的，并应当与处理目的直接相关，采取对个人权益影响最小的方式。

律师忠告

物业服务人提供物业服务有权收取物业费用，但应当采用正当、合法的手段维护权利，尊重和保护业主的合法权益，不得采用极端手段，以泄私愤的方式给业主带来不必要的损害，也将自身置于风险境地。

87. 物业公司未经业主同意，将业主的个人情况透露给养老机构的，违法吗？

案例在线

A 小区地处郊区，住户大多是已经退休赋闲在家的老年人。某养老机构认为 A 小区的住户是不错的目标客户，便找到了 A 小区的物业公司，与物业公司达成了协议：物业公司将本小区住户的电话号码及家庭情况提供给养老机构，如果有 A 小区的住户在该养老机构登记的，每登记一位住户就给物业公司一定的提成。之后，物业公司在住户不知情的情况下，按照约定将本小区住户的个人情况全部提供给了该养老机构。物业公司的行为导致住户们纷纷接到该养老机构的骚扰电话，生活受到严重影响。那么，物业公司的行为违法吗？

法律解析

根据我国法律的规定，自然人的个人信息受法律保护。根据《民法典》第一百一十一条和《个人信息保护法》第十条的规定，任何组织或者个人需要获取他人个人信息的，应当依法取得并确保信息安全。任何组织和个人都不得侵犯他人的个人信息，即使是合法取得的他人个人信息，也不得在未经他人同意的情况下，擅自将他人的个人信息提供给第三方，更不得非法买卖公民个人信息。

在上面的案例中，物业公司为了挣取提成，便将本小区住户的个人信息提供给养老机构，这种行为实质上就是对业主的个人信息进行出卖。虽然物业公司在获取本小区住户的个人信息时渠道合法，但这并不代表其可以将住户的个人信息任意处置，物业公司的行为已经涉嫌违法，严重影响了小区住户的正常生活，根据《个人信息保护法》第六十六条第一款的规定，应当由履行个人信息保护职责的部门责令物业公司进行改正，对其给予警告，没收违法所得，并依法处以罚款处罚。

法条链接

《中华人民共和国民法典》

第一百一十一条 自然人的个人信息受法律保护。任何组织或者个人需要获取他人个人信息的，应当依法取得并确保信息安全，不得非法收集、使用、加工、传输他人个人信息，不得非法买卖、提供或者公开他人个人信息。

《中华人民共和国个人信息保护法》

第十条 任何组织、个人不得非法收集、使用、加工、传输他人个人信息，不得非法买卖、提供或者公开他人个人信息；不得从事危害国家安全、公共利益的个人信息处理活动。

第六十六条第一款 违反本法规定处理个人信息，或者处理个人信息未履行本法规定的个人信息保护义务的，由履行个人信息保护职责的部门责令改正，给予警告，没收违法所得，对违法处理个人信息的应用程序，责令暂停或者终止提供服务；拒不改正的，并处一百万元以下罚款；对直接负责的主管人员和其他直接责任人员处一万元以上十万元以下罚款。

律师忠告

作为物业服务人，物业公司应当认真遵守法律法规的规定与物业服务合同的约定，尊重和保护业主的个人信息，不得擅自泄露业主的个人信息，更不得买卖业主的个人信息。

88. 物业公司在公共区域安装摄像头后未进行检查，导致业主私人生活被拍摄，需要承担责任吗？

案例在线

H小区已发生多起高空抛物事件。为了防止高空抛物致人损伤，也为了在发生高空抛物时能够尽快查清责任人，物业公司决定在每栋大楼的楼体上安装摄像头。为了节省费用，物业公司没有将安装摄像头的工作委托给其他专业的公司，而是让本公司员工进行了摄像头的安装。摄像头装好后，安装人员并未对摄像头进行调试就离开了。不久后，该小区的住户李女士到物业交水电费时，意外发现小区的监控画面上显示着自己家客厅的景象。而物业公司既没有将此情况告知李女士，也没有采取任何保护措施。那么，该小区的物业公司是否应当对摄像头拍摄了住户的私人空间一事承担责任呢？

法律解析

自然人的住宅安宁属于公民隐私权的一部分，任何人或组织都不得侵犯。根据《民法典》第一千零三十三条的规定，除法律另有规定或者权利人明确同意外，任何组织或者个人不得进入、拍摄、窥视他人的住宅、宾馆房间等私密空间。换言之，他人的私人住宅属于建筑中的专有部分，具有私密性。即使物业服务人对本服务区域内的建筑享有管理权限，也不得因此侵犯他人私有住宅的安宁。

在上面的案例中，物业公司为了防范小区内发生高空抛物，而在小区内安装摄像头，此行为的出发点是为了小区居民的人身安全着想，是值得肯定的。但是，物业公司在安装摄像头后并未进行应有的调试程序，导致业主的家中生活被拍摄，对业主私人生活产生了一定的影响，而其发现问题后既未向住户进行及时说明，也未采取任何解决措施。物业公司的此种行为不仅没有尽到自己应尽的义务，反而侵犯了业主的隐私权，应当承担相应的责任。

法条链接

《中华人民共和国民法典》

第一千零三十三条 除法律另有规定或者权利人明确同意外，任何组织或者个人不得实施下列行为：

……

（二）进入、拍摄、窥视他人的住宅、宾馆房间等私密空间；

……

律师忠告

物业服务人在对物业服务区域进行管理时，应当特别注意保护业主的隐私权，在行使职责时应尽到方方面面的注意义务，避免发生纠纷。

89. 物业公司为催收物业费，半夜打电话骚扰业主的，侵犯了业主的什么权利？

案例在线

甲物业公司与乙小区签订了物业服务合同，负责为乙小区提供物业服务。几个月前，小区内的一部分住户认为甲物业公司在物业服务方面没有尽到应尽的职责，便联合起来，以拒交物业费的方式表示抗议。甲物业公司几次派人对拒交物业费的业主进行催收，但始终没有结果。甲物业公司想要追回拖欠的物业费，但又觉得诉讼成本太高，于是，就安排工作人员，在每天深夜时给拖欠物业费的业主拨打骚扰电话，试图通过施加心理压力的方法逼迫业主交纳物业费。没过多久，业主就不堪其扰，共同将甲物业公司告上了法庭。那么，物业公司的行为侵犯到了业主的什么权利？

法律解析

隐私是自然人的私人生活安宁和不愿为他人知晓的私密空间、私密活动、私密信息。根据《民法典》第一千零三十三条的规定，除法律另有规定或者权利人明确同意外，任何组织或者个人不得以电话、短信、即时通讯工具、电子邮件、传单等方式侵扰他人的私人生活安宁。可以看出，无论行为人是出于什么目的，目的是否正当，只要实施了侵扰他人私人生活安宁的行为，该行为性质都属于侵犯他人隐私权。

在上面的案例中，甲物业公司向乙小区业主提供了物业服务，业主理应交纳物业费，物业公司也有权利催收。但因为业主逾期不交纳物业费，物业公司便在深夜对业主进行"电话骚扰"，这种行为是违法的。物业服务人催收物业费不应当以侵扰业主生活安宁为手段，根据《民法典》第九百四十四条第二款的规定，当业主违反约定逾期不支付物业费时，物业服务人可以催告其在合理期限内支付；合理期限届满仍不支付的，物业服务人可以提起诉讼或者申请仲裁。因此，甲物业公司完全可以通过合法合理的途径进行维权，起诉的费用也可以要求败诉方承担，但甲物业公司退而求其次，选择了违法维权，侵犯了业主的隐私权，必将为此付出法律代价。

法条链接

《中华人民共和国民法典》

第九百四十四条第二款 业主违反约定逾期不支付物业费的，物业服务人可以催告其在合理期限内支付；合理期限届满仍不支付的，物业服务人可以提起诉讼或者申请仲裁。

第一千零三十二条 自然人享有隐私权。任何组织或者个人不得以刺探、侵扰、泄露、公开等方式侵害他人的隐私权。

隐私是自然人的私人生活安宁和不愿为他人知晓的私密空间、私密活动、私密信息。

第一千零三十三条 除法律另有规定或者权利人明确同意外，任何组织或者个人不得实施下列行为：

（一）以电话、短信、即时通讯工具、电子邮件、传单等方式侵扰他人的私人生活安宁；

……

律师忠告

当业主拖欠物业费时，法律赋予物业服务人多种维权手段。物业服务人应当依法维护自己的权利，不得侵犯业主其他合法权利。

第十章 业主组织及业主的权利义务

90. 业主大会的决议业主必须遵守吗？

案例在线

季先生是 B 小区的业主，前段时间，该小区业主委员会召集业主开了一次业主大会。在业主大会上，小区业主就增加物业费的相关事项发起了投票，最终决定从下一年度起，每人每平方米多交一元物业费。季先生因工作繁忙没能参加业主大会，事后才得知业主大会增加物业费的决议。季先生认为现在的物业费已经够高了，不愿意再支付更高的物业费。他认为，反正自己没有参加业主大会，其他业主通过的决议和他没有关系，他不需要遵守。于是，季先生仍然按照以前的物业费标准向物业公司支付物业费，一直没有理会物业公司催促他补交物业费的请求。那么，季先生的做法是否正确？是不是每个业主都需要遵守业主大会的决议呢？

法律解析

业主大会的决议对全部业主具有约束力，每位业主都应当遵守。根据《物业管理条例》第七条和第十二条第四款的规定，执行业主大会的决议是业主应当履行的法定义务。业主大会或业主委员会的决议或决定，一经业主表决通过，就对全体业主产生效力。即使业主并未参加业主大会，或在业主大会上对该决议投了反对票，也都不影响其执行决议的义务。根据《民法典》第二百八十条的规定，如果业主不履行决议是因为认为该决议侵害业主的合法权益，业主可以向人民法院提起诉讼，要求人民法院对该决议予以撤销。

在上面的案例中，季先生所居住的 B 小区召开了业主大会，并在大会上通过了增加物业费的决议，小区内的全体业主就应当一律遵守该决议。季先生认为自己没有参加业主大会，该决议就和他没有关系，对他不具有约束力，这种想法是错误的。执行业主大会的决议是为了服从本小区业主大会的管理，也是季先生不能随意拒绝履行的法定义务。如果季先生认为该决议侵犯了自己的权利，可以向人民法院提起诉讼。

法条链接

《中华人民共和国民法典》

第二百八十条 业主大会或者业主委员会的决定，对业主具有法律约束力。

业主大会或者业主委员会作出的决定侵害业主合法权益的，受侵害的业主可以请求人民法院予以撤销。

《物业管理条例》

第七条 业主在物业管理活动中，履行下列义务：

……

（三）执行业主大会的决定和业主大会授权业主委员会作出的决定；

……

第十一条 下列事项由业主共同决定：

（一）制定和修改业主大会议事规则；

（二）制定和修改管理规约；

（三）选举业主委员会或者更换业主委员会成员；

（四）选聘和解聘物业服务企业；

（五）筹集和使用专项维修资金；

（六）改建、重建建筑物及其附属设施；

（七）有关共有和共同管理权利的其他重大事项。

第十二条第四款 业主大会或者业主委员会的决定，对业主具有约束力。

律师忠告

业主大会的决议应当符合法律规定的程序，只要按照法律规定进行了表决，并由法律规定比例的业主表示同意，该决议就是具有法律效力的决议，所有业主都应当遵守。

91. 业主委员会是否可以擅自另聘物业公司？

案例在线

华先生在某小区已经居住了十年。该小区的物业公司认真负责，积极听取业主的意见，接受业主的监督，一直让业主们非常满意。但是，华先生最近发现，小区内的环境不如以前整洁了。无论是小区的公共道路还是住宅楼内部，卫生打扫得都不尽如人意。有时业主需要物业提供服务，物业也会推三阻四，态度十分消极。华先生前往物业查看，才发现该小区已经更换了物业公司。新的物业负责人告诉华先生，之前的物业公司合同到期已经走了，他们是业主委员会选聘的新物业。华先生从未听业主委员会提起此事，其他业主也都不知道已经更换了物业公司。那么，该小区业主委员会这种擅自另行选聘物业服务人的行为，是否合法呢？

法律解析

《民法典》第二百七十七条第一款规定，业主可以依据法定的条件和程序，选举业主委员会。业主委员会是由业主选举产生，负责执行业主大会的决定、维护业主利益、监督物业服务合同履行的组织，并不具备越过业主擅自决定本小区事项的权利。第二百七十八条规定，业主共同决定选聘和解聘物业服务企业或者其他管理人。也就是说，物业服务企业的选聘与解聘关系到全体业主的利益，只有经过符合法定数量的业主表决，才能决定物业服务企业的选聘与解聘事项。根据《物业管理条例》第十五条的规定，业主委员会的职责只能是代表业主与业主大会选聘的物业服务企业签订物业服务合同。可以看出，选聘物业服务企业主要是业主大会的职能，并不在业主委员会的职能范围之内。也就是说，业主委员会只能在业主大会决定新的物业服务企业后，代表业主签订物业服务合同，这是一种执行权，而非决定权，业主委员会任何时候都无权擅自决定物业服务企业的选聘。

在上面的案例中，华先生居住小区所属的业主委员会，在未经过召开业主大会或经过业主表决的法定程序前提下，擅自更换了该小区的物业服务企业。业主委员会的这种行为已经超出了其职能范畴，是不符合法律规定的。

法条链接

《中华人民共和国民法典》

第二百七十七条第一款　业主可以设立业主大会，选举业主委员会。业主大会、业主委员会成立的具体条件和程序，依照法律、法规的规定。

第二百七十八条　下列事项由业主共同决定：

……

（四）选聘和解聘物业服务企业或者其他管理人；

......

业主共同决定事项，应当由专有部分面积占比三分之二以上的业主且人数占比三分之二以上的业主参与表决。决定前款第六项至第八项规定的事项，应当经参与表决专有部分面积四分之三以上的业主且参与表决人数四分之三以上的业主同意。决定前款其他事项，应当经参与表决专有部分面积过半数的业主且参与表决人数过半数的业主同意。

《物业管理条例》

第十五条　业主委员会执行业主大会的决定事项，履行下列职责：

......

（二）代表业主与业主大会选聘的物业服务企业签订物业服务合同；

......

律师忠告

业主委员会擅自选聘物业公司的行为会导致签约主体的不适格，会给后续工作带来一系列的麻烦和纠纷。物业服务人在与业主委员会签订物业服务合同时，要特别注意业主委员会的前期工作是否已经做到位，防止与没有权限的业主委员会签约。

92. 业主委员会有权决定解除物业服务合同吗？

案例在线

G物业公司是某花园小区的物业服务人，负责为该小区的业主提供物业服务。但是，G物业公司提供物业服务的态度十分懈怠，经常不履行物业管理职责，也从不将物业服务事项向业主公开。时间一长，业主们怨声载道，都对G物业公司表示不满。该小区的业主委员会得知情况后，对物业公司的工作进行了考核，认为确实有必要解聘当前的物业服务公司，另行选聘新的物业服务公司。于是，业主委员会在未召开业主大会也未进行业主表决的情况下，解除了与 G 物业公司之间的物业服务合同。那么，业主委员会独自决定解除物业服务合同的行为是否具有法律效力？

法律解析

业主委员会作为业主选举形成的代表业主意志的组织，主要行使的是执行业主大会决定的职能，并不具有替代业主作决定的权利。《民法典》第二百七十七条第一款规定，业主可以按照法定的条件和程序选举业主委员会。同时，第二百七十八条规定，选聘和解聘物业服务企业或者其他管理人必须由业主共同进行决定。对于业主共同决定的事项，应当由专有部分面积占比三分之二以上的业主且人数占比三分之二以上的业主参与表决；决定选聘和解聘物业服务企业，应当经参与表决专有部分面积过半数的业主且参与表决人数过半数的业主同意后，才能发生法律效力。业主委员会擅自替业主所作的与物业公司解除合同的决定是不具有法律效力的。

在上面的案例中，G 物业公司并没有完全按照物业服务合同的约定履行物业服务管理义务，其行为已经构成了违约，该小区的业主有权依据法律规定以及物业服务合同的约定追究物业公司的违约责任，甚至与之解除物业服务合同。但是，要决定解聘 G 物业公司，就必须在全体业主知情的情况下，经过符合法定数量的业主表决才能决定。如果小区的业主委员会确实认为有必要对原本的物业公司进行解聘，另聘新的物业公司的，也应当在告知全体业主、召开业主大会进行表决的前提下，再与物业公司解除合同。

法条链接

《中华人民共和国民法典》

第二百七十七条第一款 业主可以设立业主大会，选举业主委员会。业主大会、业主委员会成立的具体条件和程序，依照法律、法规的规定。

第二百七十八条 下列事项由业主共同决定：

……

（四）选聘和解聘物业服务企业或者其他管理人；

……

业主共同决定事项，应当由专有部分面积占比三分之二以上的业主且人数占比三分之二以上的业主参与表决。决定前款第六项至第八项规定的事项，应当经参与表决专有部分面积四分之三以上的业主且参与表决人数四分之三以上的业主同意。决定前款其他事项，应当经参与表决专有部分面积过半数的业主且参与表决人数过半数的业主同意。

律师忠告

物业服务合同属于业主和物业服务企业之间订立的合同，当物业服务企业未达到合同约定的要求时，业主有权解除该合同，这是业主行使自治权的体现。而业主委员会仅能代表业主对外行使权利，无权擅自替业主作出决定。

93. 除了自己的住宅以外，业主还对小区内哪些部分享有权利？

案例在线

小樊大学毕业后，找到了一份不错的工作。经过几年的打拼，小樊也有了一些积蓄，就开始考虑买房。经过一段时间的斟酌，小樊最终决定购买 Y 小区内的一套两居室。付完首付后没多久，小樊就办理了房屋登记手续，正式拥有了属于自己的房子。入住后，小樊第一次行使自己作为业主的权利，参与了业主大会的投票，决定了小区内电梯的维修问题。小樊这才知道原来业主还可以决定公共设施的相关事项，他原本一直以为业主只对自己购买的房屋享有权利。那么，业主为什么能对公共设施进行管理？除了自己的住宅专有部分以外，业主还对小区内的哪些部分享有权利呢？

法律解析

《民法典》第二百七十一条至第二百七十五条对业主享有的建筑专有部分以外设施的权利作出了相关规定。可以得知，业主除对自己的住宅享有所有权外，对小区内的共有部分同样享有所有权。当然，这种所有权是一种共同共有，虽然无法对每个业主进行分割，但由全体业主共同对共有部分进行管理。

在本小区中，业主首先对自己购买的住宅或经营性用房享有所有权，这是业主通过房屋买卖合同所获得的所有权。在此基础之上，小区内的共有部分和共有设施，业主也享有所有权，这些共有部分主要包括小区内的公共道路、绿地、公用设施、物业服务用房、在公共道路上划分的停车位等，这些都属于所有业主共有的财产。对于这些共有部分所享有的权利，业主在转让专有部分时，也应当一并进行转让。

在上面的案例中，小樊在 Y 小区购买房屋后，即可参与对本小区的管理事项，行使业主的权利。这都是基于小樊作为业主对共有部分的管理权利，是业主自治权的体现。

法条链接

《中华人民共和国民法典》

第二百七十一条 业主对建筑物内的住宅、经营性用房等专有部分享有所有权，对专有部分以外的共有部分享有共有和共同管理的权利。

第二百七十二条 业主对其建筑物专有部分享有占有、使用、收益和处分的权利。业主行使权利不得危及建筑物的安全，不得损害其他业主的合法权益。

第二百七十三条 业主对建筑物专有部分以外的共有部分，享有权利，承担义务；不得以放弃权利为由不履行义务。

业主转让建筑物内的住宅、经营性用房，其对共有部分享有的共有和共同管理的权利一并转让。

第二百七十四条 建筑区划内的道路，属于业主共有，但是属于城镇公共道路的除外。建筑区划内的绿地，属于业主共有，但是属于城镇公共绿地或者明示属于个人的除外。建筑区划内的其他公共场所、公用设施和物业服务用房，属于业主共有。

第二百七十五条 建筑区划内，规划用于停放汽车的车位、车库的归属，由当事人通过出售、附赠或者出租等方式约定。

占用业主共有的道路或者其他场地用于停放汽车的车位，属于业主共有。

第二百八十二条 建设单位、物业服务企业或者其他管理人等利用业主的共有部分产生的收入，在扣除合理成本之后，属于业主共有。

　　建筑物区分所有权既包括业主对专有部分享有的权利，也包括对共有部分享有的权利。其中业主对共有权的行使，取决于对共有部分范围的界定。对此，可以结合建筑的性质、用途、规划设计图纸及建筑面积、成本的分摊情况等多种因素综合进行考量。物业服务企业承接物业时，应当对物业共用部位、共用设施设备进行查验。

94. 业主委员会的领导是否可以决定其成员的去留？

案例在线

　　苗女士在刚建成的某小区购买了一套住宅，成为该小区的业主。该小区正处于建成初期，还没来得及成立业主委员会。一天，苗女士在业主群中询问业主委员会应当如何成立的事情，其他业主均表示不知道业主委员会成立的具体流程。此时，有一位业主张某表示，自己工作较为轻松，平时空闲多，愿意担任业主委员会的成员。包括苗女士在内的其他业主对此都没有表示异议，并推选出其他几位成员，由张某担任领导。然而此后，张某经常擅自决定业主委员会人员的去留，还随意将关系好的业主纳入业主委员会成员之中。苗女士对张某的行为十分不满，认为业主委员会成员应当由所有业主共同推选产生。那么，张某的做法是否合法？

法律解析

　　根据《物业管理条例》第六条的规定，业主不仅有选举业主委员会成员的权利，也有被选举为业主委员会成员的权利。此外，业主还有权对业主委员会的工作进行监督，当认为业主委员会的决定侵犯业主权利时，有权请求法院撤销该决定。第十一条规定，选举业主委员会或者更换业主委员会成员应当由全体业主共同决定。也就是说，业主委员会的成员变更，应当依法定程序由业主进行投票表决后，才能发生效力。而根据第十六条的规定，业主委员会内部成员可以推选业主委员会的主任和副主任，但不能决定其他成员的增减。而业主委员会的领导者主任和副主任同样也不能决定业主委员会成员的去留。

在上面的案例中，业主委员会最初成立时，其成员得到了全体业主的同意。但业主委员会成立后，张某便独自决定业主委员会成员变动，张某的行为没有尊重其他业主对本小区事项的管理权，是不符合法律规定的。该小区的业主可以投票取消张某业主委员会成员的资格，选举新的业主委员会人选。

法条链接

《物业管理条例》

第六条 房屋的所有权人为业主。

业主在物业管理活动中，享有下列权利：

……

（五）选举业主委员会成员，并享有被选举权；

（六）监督业主委员会的工作；

……

第十一条 下列事项由业主共同决定：

……

（三）选举业主委员会或者更换业主委员会成员；

……

第十六条 业主委员会应当自选举产生之日起30日内，向物业所在地的区、县人民政府房地产行政主管部门和街道办事处、乡镇人民政府备案。

业主委员会委员应当由热心公益事业、责任心强、具有一定组织能力的业主担任。

业主委员会主任、副主任在业主委员会成员中推选产生。

律师忠告

业主委员会的主要职责是执行业主大会的决定，代表业主对外反映业主的意愿与要求，并对物业服务企业进行监督。业主委员会成员应当由业主推选产生，积极维护业主的合法权益。

95. 召开业主大会需要经过怎样的法定程序？

案例在线

小汤是某新建成小区的业主，前不久刚被推选为业主委员会的成员之一。小汤是第一次担任业主委员会的成员，对许多事情的流程都不太熟悉。随着小区内住户的增多，小区内需要业主共同决定的事项也越来越多。最近，有公司联系业主委员会，提出要在该小区的电梯中投放广告，请业主委员会征求业主意见。于是，小汤与其他业主委员会成员决定召开一次业主大会，就投放广告以及公共设施的维修养护问题让业主进行表决。那么，小汤应当如何召集业主召开业主大会？召开业主大会又有哪些法定的程序性要求呢？

法律解析

根据《物业管理条例》第十三条的规定，业主大会会议分为定期会议和临时会议两种，两种会议的召开程序不尽相同。首先，业主大会定期会议的召开，主要取决于业主大会的议事规则如何规定。要召开定期会议，只需按照议事规则进行即可。其次，要召开业主大会临时会议，需要有20%以上的业主提议，才可以召开。如有临时需要业主决定的事项，业主委员会可以将事项向业主说明后，由业主提议召开业主大会临时会议。

按照该条例第十四条的规定，无论是业主大会定期会议还是临时会议，在召开前15日都应当通知全体业主，保障业主对业主大会的知情权。在业主大会上，业主委员会成员也应当做好会议记录。这条规定是为了让每一位业主都能在最大限度上行使自己的业主自治权，对本区域内的公共事项进行更好的管理。

在上面的案例中，小汤及其他业主委员会成员想要召开业主大会会议，就投放广告与公共设施的维修养护问题征求业主意见。如果业主委员会想要召开定期会议，则可以查询议事规则中对于业主大会定期会议的规定，按照规定召开即可。如果想要召开临时会议，则可以将相关事项在业主群中进行说明，询问业主意见，由业主提议召开临时会议。

法条链接

《物业管理条例》

第十三条 业主大会会议分为定期会议和临时会议。

业主大会定期会议应当按照业主大会议事规则的规定召开。经20%以上的业主提议，业主委员会应当组织召开业主大会临时会议。

第十四条 召开业主大会会议，应当于会议召开15日以前通知全体业主。

住宅小区的业主大会会议，应当同时告知相关的居民委员会。

业主委员会应当做好业主大会会议记录。

律师忠告

　　需要格外注意的是，提前 15 日通知业主是召开业主大会会议的必经程序，关系到业主是否能切实行使业主权利，不可忽视。

第十一章　物业管理从业人员管理

96. 从事物业管理工作，需要持证上岗吗？

案例在线

小李大学毕业后通过校招进入一家大型物业公司，一日，小李受公司委托到该公司即将开展物业服务的花园小区送合同，一位自称小区业主委员会委员的业主要求公司提供相关物业管理工作人员的物业管理师资格证书复印件作为合同附件，一方面可以证实物业公司的专业性，另一方面他们也好向业主交差。小李解释说可以将物业公司的资质证书出示给他们看，但是并不是所有物业管理工作人员都有资格证书，恐怕不能满足业主委员会的要求。对方却称物业管理从业人员都应当持证上岗，否则就违反了法律规定。从事物业管理工作，究竟是否需要持证上岗呢？

法律解析

物业管理师资格证书是经过全国统一考试后取得的一种资质证书，持证人为从事物业管理工作的专业管理人员。之所以会出现资格证书考试，是因为 21 世纪初物业服务在我国尚属新兴行业，为了规范物业管理行为，维护业主利益，2003 年发布的《物业管理条例》第三十三条特别规定："从事物业管理的人员应当按照国家有关规定，取得职业资格证书。"第六十一条还设置了相应的处罚规则。由此，从事物业管理工作的人员需要持证上岗，所以物业管理师资格考试也是我国的职称考试之一。但是，随着社会经济发展，我国的物业管理服务业发展越来越成熟规范。2015 年，《国务院关于取消和调整一批行政审批项目等事项的决定》（国发〔2015〕11 号）取消了物业管理师注册执业资格认定。同时，现行《物业管理条例》也删除了物业管理人员要取得职业资格证书的要求。换言之，现在的物业管理从业人员并不需要持证上岗，小李的答复并没有问题。

律师忠告

　　国家已经取消了物业管理师资格考试，从事物业管理工作不需要持证上岗，但是已经考取物业管理师资格证书并获得物业管理师注册证的，该证书仍然有效并具有实用价值，在物业管理企业招投标等竞争中仍然重要。

97. 物业公司最迟要在多久内与新员工签订劳动合同？

案例在线

　　秦某大专毕业后和亲戚到沿海某城市找工作，换了几个工作都不满意。后经朋友介绍，她顺利进入一家物业服务企业任职。2022 年 3 月 2 日，秦某正式到公司入职，之后便在公司前辈的带领下开展工作。工作半个月后，秦某觉得有点奇怪，为什么公司还没有和她签订合同，感觉特别没有保障。纠结之后，秦某在一次午餐之后向人事部的同事提出要与公司签订正式的劳动合同。谁知同事却答复她，按照公司的惯例，新员工要入职 2 个月之后才能签订合同。秦某认为公司的做法不太合法，同事却安慰她 2 个月过了就好了。那么，该公司人事部关于签订劳动合同时间的答复合法吗？

法律解析

该公司人事部的答复不合法。《劳动合同法》第十条第二款规定："已建立劳动关系，未同时订立书面劳动合同的，应当自用工之日起一个月内订立书面劳动合同。"第八十二条还规定，如果用人单位自用工之日起超过一个月、不满一年没有和劳动者订立书面劳动合同，应向劳动者支付双倍工资。据此，用人单位至迟应在用工之日起一个月内与劳动者订立书面劳动合同，否则要向劳动者支付双倍工资。

何谓"用工之日"？一般认为，用工之日就是劳动者实际进入用人单位提供劳动的日期。以上面的案例为例，物业服务企业对秦某的用工之日为2022年3月2日，该公司应当在4月2日之前与秦某签订书面劳动合同，否则就违反了《劳动合同法》的规定。如果该公司在秦某入职2个月后即5月2日才与秦某签订劳动合同，秦某就可以要求公司支付4月的双倍工资。

法条链接

《中华人民共和国劳动合同法》

第十条　建立劳动关系，应当订立书面劳动合同。

已建立劳动关系，未同时订立书面劳动合同的，应当自用工之日起一个月内订立书面劳动合同。

用人单位与劳动者在用工前订立劳动合同的，劳动关系自用工之日起建立。

第八十二条　用人单位自用工之日起超过一个月不满一年未与劳动者订立书面劳动合同的，应当向劳动者每月支付二倍的工资。

用人单位违反本法规定不与劳动者订立无固定期限劳动合同的，自应当订立无固定期限劳动合同之日起向劳动者每月支付二倍的工资。

　　现实生活中，有的物业服务企业为了避免麻烦不愿意与刚入职的劳动者签订劳动合同，殊不知这样却为自己埋下了更大的法律隐患。一旦劳动者向公司主张未订立书面劳动合同的双倍工资，公司很难逃避这个问题，此时公司就会面临额外的资金损失。此外需要注意的是，员工入职登记表、录用证明等并不属于书面劳动合同范畴，公司切不可借此来回避签订书面劳动合同的问题。

98. 物业公司可以与员工签订竞业禁止协议吗？

案例在线

　　小方和朋友合伙成立了一家物业管理公司，好不容易将公司经营出一些名气，一起和他们打拼的公司经理黄某却提出离职创业。劝说无效后，公司便同意黄某离职。之后，小方得知黄某回到家乡后也开了家物业管理公司。得知此消息的小方既庆幸又后怕，因为黄某未在当地开公司，也未拿走公司的客户信息。小方想，为了免除后顾之忧，还是要想想办法约束公司员工，万一之后他们从公司出去从事相同职业损害公司利益怎么办？经过查阅资料，小方发现了竞业禁止协议这个东西。那么，物业管理公司是否可以和员工订立竞业禁止协议？

法律解析

　　竞业禁止协议，是用人单位与劳动者签订的，关于禁止劳动者在该单位工作期间在同类业务单位兼职，或者禁止劳动者在该单位离职之后一定时间内从事与该单位有业务竞争相关工作的协议,后者既包括禁止劳动者在与原单位具有业务竞争关系的新单位任职,也包括劳动者自行创业经营与原单位有业务竞争关系的企业。

《劳动合同法》第二十三条对劳动者的保密义务和竞业禁止作出了规定,即对于负有保密义务的劳动者,用人单位可以通过劳动合同或保密协议、竞业禁止协议与劳动者约定竞业禁止条款。根据法律规定,劳动合同解除或终止后,在竞业禁止期限内,用人单位需向劳动者按月提供经济补偿;如果劳动者违反竞业禁止约定,则应当按照约定向用人单位赔付违约金。需要注意的是,用人单位并非可以和所有劳动者约定竞业禁止条款,一般而言,可以约定竞业禁止的有高管、高级技术人员和其他负有保密义务的劳动者。

上面的案例中,物业管理公司在经营过程中会积累大量的客户信息和商业信息,甚至会形成自己独有的物业服务模式,这些都可能涉及商业秘密。所以物业公司是可以和员工签订竞业禁止协议的,但是签约对象限于公司的高管、高级技术人员以及其他知道公司的商业秘密、具有保密义务的劳动者。对于普通的物业管理人员,没有约定竞业禁止的必要。

法条链接

《中华人民共和国劳动合同法》

第二十三条 用人单位与劳动者可以在劳动合同中约定保守用人单位的商业秘密和与知识产权相关的保密事项。

对负有保密义务的劳动者,用人单位可以在劳动合同或者保密协议中与劳动者约定竞业限制条款,并约定在解除或者终止劳动合同后,在竞业限制期限内按月给予劳动者经济补偿。劳动者违反竞业限制约定的,应当按照约定向用人单位支付违约金。

第二十四条 竞业限制的人员限于用人单位的高级管理人员、高级技术人员和其他负有保密义务的人员。竞业限制的范围、地域、期限由用人单位与劳动者约定，竞业限制的约定不得违反法律、法规的规定。

在解除或者终止劳动合同后，前款规定的人员到与本单位生产或者经营同类产品、从事同类业务的有竞争关系的其他用人单位，或者自己开业生产或者经营同类产品、从事同类业务的竞业限制期限，不得超过二年。

律师忠告

用人单位可以与劳动者单独签订竞业禁止协议，也可以在劳动合同中设置竞业限制条款。无论采取何种方式，都应当就竞业禁止期限、范围、地区、竞业禁止期间经济补偿金和违约金的计算方式等内容进行明确，方能使竞业禁止约定具备可操作性、可执行性。

99. 劳务派遣人员的培训费用由谁来承担？

案例在线

从学校毕业后，小陈经人介绍进入了一家人力资源管理公司，该公司除了人力资源培训之外，还经营着劳务派遣业务。进公司不久，小陈就被公司派遣到某物业管理公司。上岗前，人力资源管理公司为小陈和其他同事安排了简单的岗前培训，大致告诉他们在物业管理公司的工作内容和注意事项。到岗后，小陈被安排到该公司在某小区的物业管理处工作，因为对工作内容不太熟悉，小陈总是出错。于是物业公司又给小陈这一批新人安排了几场专业培训。培训结束后，物业公司通知小陈找人力资源公司报销培训费，但人力资源公司又说这笔费用由物业公司自己承担。那么，劳务派遣人员的培训费到底该由谁负担呢？

法律解析

劳务派遣是一种用工形式，一般由劳务派遣单位和用工单位订立劳务派遣协议，并按照用工单位的要求向其派遣劳动者。在劳务派遣中，劳动者与劳务派遣单位订立劳动合同，在用工单位提供劳动，故其身份定位不同于普通劳动者。关于劳务派遣人员的培训，《劳务派遣暂行规定》第八条第二项特别规定，劳务派遣单位应当建立培训制度，并对被派遣劳动者进行上岗知识、安全教育培训。可见，劳务派遣单位负有对被派遣劳动者提供基本岗前培训的义务。同时，根据《劳动合同法》第六十二条的规定，用工单位应当对在岗被派遣劳动者进行岗位所必需的培训，所以，用工单位对被派遣劳动者也有培训义务。基于此，劳务派遣单位和用工单位都有培训义务，当其履行自己的义务提供岗位培训时，费用自然应当由自己承担。

本案中，人力资源公司和物业管理公司都有提供岗位培训的义务，人力资源公司为小陈等人提供的岗前培训费用，由人力资源公司自己承担；物业管理公司为小陈等人提供的在岗培训费用，由物业管理公司自己承担。

法条链接

《中华人民共和国劳动合同法》

第六十二条　用工单位应当履行下列义务：

……

（四）对在岗被派遣劳动者进行工作岗位所必需的培训；

……

《劳务派遣暂行规定》

第八条　劳务派遣单位应当对被派遣劳动者履行下列义务：

……

（二）建立培训制度，对被派遣劳动者进行上岗知识、安全教育培训；

……

律师忠告

　　无论是劳务派遣单位，还是用工单位，劳动者提供基本的义务培训都是法定义务，最终的受益人除了劳动者自身，还有用人单位和用工单位，所以相关的培训费用由负责培训的单位负担并无不当。但需要注意的是，无论哪方提供培训，都不得向劳动者收取费用，这是法律明文规定的。

100. 劳务派遣人员侵权的，物业公司需要承担责任吗？

案例在线

　　新美物业公司想招一批具有家居水电维修技术的工作人员，便联系合作的劳务派遣公司招人。2020 年 4 月，劳务派遣公司将曾经有在建筑工地工作经历（不具备专业水电维修技术）的林师傅派遣到新美物业管理公司，具体从事家居水电维修工作。2022 年 4 月左右，林师傅被安排去某商户处检修门市里的照明设备。检修期间，林师傅因操作失误导致电线短路引发火灾，给部分商户造成严重的经济损失。后受损害的商户联合起诉物管公司要求其承担责任。那么，劳务派遣人员侵权的，物业公司需要承担责任吗？

法律解析

　　在我国，劳动者因执行工作任务致人损害时，用人单位承担的是无过错责任。换言之，只要劳动者是因为履行工作职责造成他人损害，无论用人单位是否尽到监督义务或者是否存在其他过错，用人单位都要先承担赔偿责任。在劳务派遣中，劳动者的用工和用人是分离的，劳动者与劳务派遣单位建立劳动关系，但实际的用工管理却是在用工单位，所以一旦劳务派遣人员在工作中出现侵权行为，三方极易就侵权责任的承担发生争议。对此，《民法典》第一千一百九十一条第二款特别规定："劳务派遣期间，被派遣的工作人员因执行工作任务造成他人损害的，由接受劳务派遣的用工单位承担侵权责任；劳务派遣单位有过错的，承担相应的责任。"根据该规定可知，劳务派遣人员在劳务派遣期间因工作致人损害的，首先应当由实际用工单位承担侵权责任，如果劳务派遣单位在派遣工作人员方面存在过错，才由劳务派遣单位承担相应的责任。

上面的案例中，林师傅在物业公司工作期间导致商户财产受损，物业公司应当承担赔偿责任。同时，由于物业公司已经明确其需要的是具有家居水电维修技术的工作人员，劳务派遣单位未根据其要求选派劳动者，而是将没有相关专业技术的林师傅派过去，属于在劳务派遣过程中存在过错，所以劳务派遣单位也要承担相应的责任。

法条链接

《中华人民共和国民法典》

第一千一百九十一条第二款　劳务派遣期间，被派遣的工作人员因执行工作任务造成他人损害的，由接受劳务派遣的用工单位承担侵权责任；劳务派遣单位有过错的，承担相应的责任。

律师忠告

　　物业管理公司对劳务派遣人员的需求比较大，在与劳动派遣单位订立劳务派遣协议时，务必明确劳务派遣单位必须按照物业管理公司的需求派遣劳动者。同时，在接收被派遣劳动者时，要特别注意审查其是否符合自己的用人需求，一旦发现不符合用人需求的，一律不予接收，退回劳务派遣单位。此外，如果发生被派遣劳动者在劳务派遣期间侵权的情形，要注意保留证据，便于之后对劳动者或劳务派遣单位进行追偿。

101. 对于物业公司中的劳务派遣安保人员，应该由谁来发工资？

案例在线

　　王某原来是某工厂的职工，下岗后，其一直在家待业。后来，王某在朋友的介绍下来到某劳务派遣公司，该劳务派遣公司派遣他到某物业公司做保安。在工作第一个月结束后，王某没有收到工资，便找到物业公司，要求物业公司为他发放工资。而物业公司称王某属于劳务派遣，应当由劳务派遣公司为他发工资。但是，王某称劳务派遣公司当时告诉他，由物业公司负责发放劳动报酬。对此，物业公司非常无奈。王某坚持认为，他是为物业公司工作的，所以物业公司就必须给他发工资。那么，对于物业公司中的劳务派遣安保人员，应该由谁来发工资？

法律解析

　　根据《劳动合同法》第五十八条第二款的规定，劳务派遣单位应当与被派遣劳动者订立二年以上的固定期限劳动合同，并按月支付劳动报酬。另外，在被派遣劳动者没有工作期间，劳务派遣单位应当按照所在地人民政府规定的最低工资标准，向其按月支付报酬。由此可知，在劳动者与劳务派遣单位订立劳动合同时，劳务派遣单位则成为用人单位，被派遣的单位则为用工单位。在劳务派遣中，一般情况下，应当由劳务派遣单位为劳动者支付劳动报酬。并且，应由劳务派遣单位支付劳动者的工资，实际上体现在用工单位支付给派遣单位的派遣费用中。实践中，为方便起见，许多劳务派遣单位也会与用工单位在劳务派遣协议中约定具体由谁支付工资，有约定的，就按约定的处理。

在上面的案例中，王某属于劳务派遣的劳动者，物业公司是用工单位，而劳务派遣公司才是用人单位。所以，根据法律的规定，劳务派遣公司有义务按月支付王某的劳动报酬，物业公司作为用工单位，如果没有让其支付工资的约定，那么其就没有支付劳动报酬的义务。故王某应当要求劳务派遣公司支付他的工资。在劳务派遣公司拒绝履行支付义务时，王某可以向劳动仲裁机构申请仲裁，以维护自己的合法权益。

法条链接

《中华人民共和国劳动合同法》

第五十八条 劳务派遣单位是本法所称用人单位，应当履行用人单位对劳动者的义务。劳务派遣单位与被派遣劳动者订立的劳动合同，除应当载明本法第十七条规定的事项外，还应当载明被派遣劳动者的用工单位以及派遣期限、工作岗位等情况。

劳务派遣单位应当与被派遣劳动者订立二年以上的固定期限劳动合同，按月支付劳动报酬；被派遣劳动者在无工作期间，劳务派遣单位应当按照所在地人民政府规定的最低工资标准，向其按月支付报酬。

律师忠告

在现实生活中，有的物业公司为了方便，有时可能会与劳务派遣公司达成协议，由劳务派遣公司派遣劳动者。但是，在劳动者到岗时，物业公司应与劳动者事先谈好工资支付的问题，以避免在劳务派遣公司未按时支付劳动者报酬时发生纠纷。

102. 物业公司与员工约定，因病等自身原因不能工作的，劳动合同自动解除，是否有效？

案例在线

天美公司是某小区的物业公司。由于某小区的业主人数在不断增加，天美公司准备招聘新的员工。在招聘公告发布后，很多人前来公司参加面试。张女士是某企业的下岗人员，她也来参加天美公司的面试。在完成面试后，天美公司决定录用张女士。后来，天美公司通知张女士签订劳动合同。在劳动合同中，天美公司写明如果张女士因自己的身体疾病等原因而无法工作时，则劳动合同就自动解除。张女士看到该条款后向天美公司提出异议，她认为该条款是不合理的，要求物业公司将此条款删除。那么，物业公司与员工约定，因病等自身的原因不能工作的劳动合同自动解除，是否有效？

法律解析

根据《最高人民法院关于审理劳动争议案件适用法律问题的解释（一）》第三十五条的规定，劳动者与用人单位就解除或者终止劳动合同办理相关手续、支付工资报酬、加班费、经济补偿或者赔偿金等达成的协议，如果不违反法律、行政法规的强制性规定，且不存在欺诈、胁迫或者乘人之危情形，就应当认定有效。反之，如果协议存在重大误解或者显失公平情形的，当事人有权请求撤销。由此可见，劳动者与用人单位就解除劳动合同达成的协议，必须符合下列两个条件才能认定为有效：一是没有违反法律、行政法规的强制性规定；二是没有欺诈、胁迫或乘人之危的情形。

在上面的案例中，根据《劳动合同法》第四十条的规定，劳动者患病或者非因工负伤，在规定的医疗期满后不能从事原工作，也不能从事由用人单位另行安排的工作的，用人单位需要提前三十日以书面形式通知劳动者本人或者额外支付劳动者一个月工资后，才可以解除劳动合同。因此，天美公司与员工约定，一旦其因自身疾病原因无法工作时，合同自动解除的约定违反了法律的强制性规定，是无效的。

法条链接

《中华人民共和国劳动合同法》

第四十条 有下列情形之一的，用人单位提前三十日以书面形式通知劳动者本人或者额外支付劳动者一个月工资后，可以解除劳动合同：

（一）劳动者患病或者非因工负伤，在规定的医疗期满后不能从事原工作，也不能从事由用人单位另行安排的工作的；

（二）劳动者不能胜任工作，经过培训或者调整工作岗位，仍不能胜任工作的；

（三）劳动合同订立时所依据的客观情况发生重大变化，致使劳动合同无法履行，经用人单位与劳动者协商，未能就变更劳动合同内容达成协议的。

《最高人民法院关于审理劳动争议案件适用法律问题的解释（一）》

第三十五条 劳动者与用人单位就解除或者终止劳动合同办理相关手续、

支付工资报酬、加班费、经济补偿或者赔偿金等达成的协议，不违反法律、行政法规的强制性规定，且不存在欺诈、胁迫或者乘人之危情形的，应当认定有效。

前款协议存在重大误解或者显失公平情形，当事人请求撤销的，人民法院应予支持。

律师忠告

物业公司作为用人单位，在与员工签订劳动合同时，应当严格遵守法律的规定，不能在劳动合同中出现任何违法条款。否则，即使签订了这样的条款，也会被认定为无效。另外，一旦被认定为无效，对物业公司而言，不但要承担本身应当承担的法律责任，还会影响企业的信誉，得不偿失。

103. 物业公司可以与工作懈怠的怀孕女职工解除劳动合同吗？

案例在线

小林是某物业公司的员工，其主要在该物业公司负责收取物业费的工作。一天，物业公司的经理吴某让小林抓紧列明尚未交纳物业费的业主清单。此时，小林称自己要去医院产检，因此，不能按时完成该项工作。后来，小林经常以自己怀孕为由请假，没有请假的时候也总是迟到早退，而且对工作也非常不上心，对于领导交付的任务总是以怀孕为借口各种推脱，工作懈怠。于是，经理吴某便以小林严重违反公司制度为由，提议公司与小林解除劳动合同。此时，该物业公司另一位部门经理称，公司与怀孕的女职工解除劳动合同是违法的。那么，物业公司可以与像小林这样工作懈怠的怀孕女职工解除劳动合同吗？

法律解析

《劳动合同法》第四十二条第四项明确规定，女职工在孕期、产期、哺乳期的，用人单位不得在其没有过失时与其解除劳动合同，也不能在裁员时将其裁减。但是，根据该法第三十九条的规定，在下列情形下，即使劳动者在特殊时期，用人单位也有权与其解除劳动合同：（1）在试用期间被证明不符合录用条件的；（2）严重违反用人单位的规章制度的；（3）严重失职，营私舞弊，给用人单位造成重大损害的；（4）劳动者同时与其他用人单位建立劳动关系，对完成本单位的工作任务造成严重影响，或者经用人单位提出，拒不改正的；（5）因本法第二十六条第一款第一项规定的情形致使劳动合同无效的；（6）被依法追究刑事责任的。由此可见，如果女职工在孕期、产期、哺乳期严重违反用人单位的规章制度，用人单位仍然可以单方解除劳动合同。

但是，在上面的案例中，小林的行为是否构成"严重违反单位规章制度"还有待商榷。在现实生活中，用人单位都有各自的规章制度，在与劳动者解除劳动合同时，用人单位也大多以"严重违反单位规章制度"将违纪员工予以开除。那么，究竟违纪行为到何种程度才是"严重"，就很关键。一般应结合用人单位的规章制度、行业特点和劳动者的具体工作岗位进行合理判断。例如，对于在"工作岗位中不能吸烟"这一规定来讲，如果企业是加油站、烟花爆竹厂、井下作业等，一旦员工违反了该条规定，就属于严重程度；如果只是一般无关安全生产的岗位，则不属于严重程度。

那么，对于像在上面案例中的物业公司员工小林来讲，工作懈怠是否属于严重违反公司的规章制度呢，这就要综合这几点来看：（1）物业公司是否已向员工公示规章制度；（2）小林的违纪行为是否在规章制度中有明确规定；（3）小林是否屡教不改；（4）小林的行为是否给物业公司造成重大损失。如果小林只是迟到早退对工作懈怠，并没有给公司造成多大的损失，鉴于其正处于孕期，物业公司不能仅凭其懈怠行为而将其开除。物业公司应加强对孕期女职工的关心，如与其谈心，摸清其工作懈怠的原因，帮助其克服困难，或者安排其休假安全度过孕期等，以待其生产后早日顺利回归工作。

法条链接

《中华人民共和国劳动合同法》

第三十九条　劳动者有下列情形之一的，用人单位可以解除劳动合同：

（一）在试用期间被证明不符合录用条件的；

（二）严重违反用人单位的规章制度的；

（三）严重失职，营私舞弊，给用人单位造成重大损害的；

（四）劳动者同时与其他用人单位建立劳动关系，对完成本单位的工作任务造成严重影响，或者经用人单位提出，拒不改正的；

（五）因本法第二十六条第一款第一项规定的情形致使劳动合同无效的；

（六）被依法追究刑事责任的。

第四十二条　劳动者有下列情形之一的，用人单位不得依照本法第四十条、第四十一条的规定解除劳动合同：

（一）从事接触职业病危害作业的劳动者未进行离岗前职业健康检查，或者疑似职业病病人在诊断或者医学观察期间的；

（二）在本单位患职业病或者因工负伤并被确认丧失或者部分丧失劳动能力的；

（三）患病或者非因工负伤，在规定的医疗期内的；

（四）女职工在孕期、产期、哺乳期的；

（五）在本单位连续工作满十五年，且距法定退休年龄不足五年的；

（六）法律、行政法规规定的其他情形。

> **律师忠告**
>
> 《劳动合同法》为维护怀孕女职工的合法权益，明确要求企业不能随意与其解除劳动合同。但是，需要企业明确的是，如果怀孕女职工有严重违反用人单位的规章制度或者给用人单位造成重大损失等行为，此时用人单位可以与其解除劳动合同。但对于"严重"程度的考量，用人单位要特别予以注意，否则随意解雇女职工将承担法律责任。

104. 物业公司拖欠职工工资的，将会承担何种法律责任？

案例在线

绿地物业公司已经成立多年，拥有上百名员工。因最近公司的效益非常差，一直都没有盈利，导致公司的资金周转非常困难。2022 年 8 月初，马上又到了为员工发放工资的时间，公司筹集了一笔资金，但该公司的总经理想先用这笔资金维持公司的日常运营，便打算再继续拖欠一下员工工资，准备等公司的资金充足时再补发工资。此时，该公司财务部门的经理万某称，已经拖欠两个月了，如果一直拖欠员工工资，很可能会引起员工的不满，而且可能为此承担法律责任。因此，万某建议应当马上给员工发放工资。那么，物业公司拖欠职工工资的，将会承担何种法律责任？

法律解析

《劳动法》第五十条明确规定，用人单位应当以货币形式按月支付给劳动者本人工资。不得克扣或者无故拖欠劳动者的工资。同时，《劳动合同法》第三十条也规定，用人单位应当按照劳动合同约定和国家规定，向劳动者及时足额支付劳动报酬。用人单位拖欠或者未足额支付劳动报酬的，劳动者可以依法向当地人民法院申请支付令，人民法院应当依法发出支付令。另外，《劳动法》第九十一条还明确规定，用人单位克扣或者无故拖欠劳动者工资的，由劳动行政部门责令支付劳动者的工资报酬、经济补偿，并可以责令支付赔偿金。《劳动合同法》第八十五条也规定，用人单位未按照劳动合同的约定或者国家规定及时足额支付劳动者劳动报酬的，由劳动行政部门责令限期支付劳动报酬、加班费或者经济补偿；逾期不支付的，责令用人单位按应付金额 50% 以上 100% 以下的标准向劳动者加付赔偿金。

在上面的案例中，物业公司一直拖欠劳动者的工资，这违反了按时足额支付劳动者工资的法定义务。物业公司应当依法维护劳动者的合法权益，不能以资金周转不足为由拒绝为劳动者发放工资。另外，对于物业公司的行为，劳动者可以通过法律途径维权，而物业公司会被劳动行政部门责令限期支付劳动者的报酬。如果在限定期限内不履行支付工资义务，还要支付相应的赔偿金。

法条链接

《中华人民共和国劳动法》

第五十条　工资应当以货币形式按月支付给劳动者本人。不得克扣或者无故拖欠劳动者的工资。

第九十一条　用人单位有下列侵害劳动者合法权益情形之一的，由劳动行政部门责令支付劳动者的工资报酬、经济补偿，并可以责令支付赔偿金：

（一）克扣或者无故拖欠劳动者工资的；

（二）拒不支付劳动者延长工作时间工资报酬的；

（三）低于当地最低工资标准支付劳动者工资的；

（四）解除劳动合同后，未依照本法规定给予劳动者经济补偿的。

《中华人民共和国劳动合同法》

第三十条 用人单位应当按照劳动合同约定和国家规定，向劳动者及时足额支付劳动报酬。

用人单位拖欠或者未足额支付劳动报酬的，劳动者可以依法向当地人民法院申请支付令，人民法院应当依法发出支付令。

第八十五条 用人单位有下列情形之一的，由劳动行政部门责令限期支付劳动报酬、加班费或者经济补偿；劳动报酬低于当地最低工资标准的，应当支付其差额部分；逾期不支付的，责令用人单位按应付金额百分之五十以上百分之一百以下的标准向劳动者加付赔偿金：

（一）未按照劳动合同的约定或者国家规定及时足额支付劳动者劳动报酬的；

（二）低于当地最低工资标准支付劳动者工资的；

（三）安排加班不支付加班费的；

（四）解除或者终止劳动合同，未依照本法规定向劳动者支付经济补偿的。

律师忠告

作为用人单位，支付职工工资是其应当履行的基本义务。物业公司应当按时足额支付给员工工资，不能无故拖欠或者克扣员工的工资。一旦企业拖欠员工工资，其很可能面临支付赔偿金的风险，这对企业而言是得不偿失的。

105. 经劳动者同意，物业公司不为其办理社会保险的，物业公司是否需要承担法律责任？

案例在线

2022 年 7 月，某物业公司招聘负责小区绿化管理的员工。张某看到招聘公告后，便到该公司应聘。在签订劳动合同时，物业公司告诉张某，需要为张某办理社会保险，每月交纳社会保险费。但是，如果张某放弃社会保险，公司每个月就会多发 300 元工资。张某觉得自己的工作也没有危险性，故马上放弃办理社会保险。后来，张某和他的儿子说了自己放弃社会保险的事情，他的儿子认为物业公司的做法是违法的，即便是父亲同意放弃社会保险，物业公司也不能这样做。那么，经劳动者同意，物业公司不为其办理社会保险的，物业公司是否需要承担法律责任？

法律解析

《劳动法》第七十二条和《社会保险法》第四条规定，参加社会保险是用人单位和劳动者的义务。据此可知，用人单位应当为劳动者按时足额缴纳社会保险费。并且，用人单位的该项义务不得通过双方约定排除，劳动者也不得单方放弃此项权利。如果用人单位没有为劳动者办理社会保险，要承担相应的法律责任。对此，《社会保险法》第八十六条规定，用人单位未按时足额缴纳社会保险费的，由社会保险费征收机构责令限期缴纳或者补足，并自欠缴之日起，按日加收万分之五的滞纳金；如果逾期仍不缴纳的，由有关行政部门处欠缴数额一倍以上三倍以下的罚款。另外，用人单位不缴纳社会保险，也是劳动者单方解除劳动合同的法定理由之一。

在上面的案例中，即使张某自己同意放弃办理社会保险，物业公司也不能不为其缴纳社会保险费。物业公司没有为张某办理社会保险，如果张某到社保局投诉要求公司补缴社会保险，公司不仅需要补缴社会保险费，还需要承担滞纳金，甚至可能还会受到罚款的行政处罚。因此，张某儿子的说法是正确的。

法条链接

《中华人民共和国劳动法》

第七十二条 社会保险基金按照保险类型确定资金来源，逐步实行社会统筹。用人单位和劳动者必须依法参加社会保险，缴纳社会保险费。

第一百条 用人单位无故不缴纳社会保险费的，由劳动行政部门责令其限期缴纳；逾期不缴的，可以加收滞纳金。

《中华人民共和国劳动合同法》

第三十八条 用人单位有下列情形之一的，劳动者可以解除劳动合同：

……

（三）未依法为劳动者缴纳社会保险费的；

……

第四十六条 有下列情形之一的，用人单位应当向劳动者支付经济补偿：

（一）劳动者依照本法第三十八条规定解除劳动合同的；

……

《中华人民共和国社会保险法》

第四条 中华人民共和国境内的用人单位和个人依法缴纳社会保险费，有权查询缴费记录、个人权益记录，要求社会保险经办机构提供社会保险咨询等相关服务。

个人依法享受社会保险待遇，有权监督本单位为其缴费情况。

第八十六条 用人单位未按时足额缴纳社会保险费的，由社会保险费征收机构责令限期缴纳或者补足，并自欠缴之日起，按日加收万分之五的滞纳金；

逾期仍不缴纳的，由有关行政部门处欠缴数额一倍以上三倍以下的罚款。

> **律师忠告**
>
> 在我国，社会保险是一种强制险，用人单位或劳动者的放弃不会发生任何法律效力。实践中，许多企业常常通过劳动者自愿放弃社会保险的方式来免除缴纳社会保险的责任，这种行为是违法的。无论如何，物业公司都必须及时为员工办理社会保险，否则就要承担法律责任。

106. 物业公司的保安在执行工作任务期间被他人打伤的，是否可以认定为工伤？

案例在线

于某是某物业公司的员工，在某小区做保安，负责维护小区的秩序。一天傍晚，很多业主下班后开车回家。在进入小区时，业主赵某将车停在小区门口接客户的电话，因通话时间过长导致通道拥堵，后面很多车都无法进入。为此，于某多次催促赵某，让赵某马上将车开走。可是，赵某却不予理睬。当于某上前拍打车窗再次催促赵某时，赵某恼羞成怒，下车与于某争吵，称于某影响了他工作。于某也非常生气，随口教训了赵某几句，不料赵某竟对于某大打出手，将于某打伤。那么，于某所伤是否为工伤？

法律解析

关于工伤的认定标准，《工伤保险条例》第十四条第三项规定，职工在工作时间和工作场所内，因履行工作职责受到暴力等意外伤害的，应当认定为工伤。由此可知，必须同时满足下列条件才能认定为工伤：（1）时间：必须在工作时间；（2）地点：必须在工作场所内；（3）原因：必须是因履行工作职责而受到意外伤害。在上述三个条件中，缺少任何一个条件都不能认定为工伤。

在上面的案例中，于某作为物业公司的员工，他在工作期间执行工作任务时，被小区的业主赵某打伤。根据前面法律的规定，于某符合认定工伤的三个标准，在工作时间和工作场所内，因他人不服从于某因履行工作职责所实施的管理行为，对于某实施暴力伤害，于某因此受伤的，应当认定为工伤。物业公司作为用人单位，应当积极帮助于某办理工伤认定手续，以维护于某的合法权益。

法条链接

《工伤保险条例》

第十四条 职工有下列情形之一的，应当认定为工伤：

（一）在工作时间和工作场所内，因工作原因受到事故伤害的；

（二）工作时间前后在工作场所内，从事与工作有关的预备性或者收尾性工作受到事故伤害的；

（三）在工作时间和工作场所内，因履行工作职责受到暴力等意外伤害的；

（四）患职业病的；

（五）因工外出期间，由于工作原因受到伤害或者发生事故下落不明的；

（六）在上下班途中，受到非本人主要责任的交通事故或者城市轨道交通、客运轮渡、火车事故伤害的；

（七）法律、行政法规规定应当认定为工伤的其他情形。

律师忠告

　　物业公司应注意，在职工因履行工作任务受伤时，应当积极协助职工办理认定工伤的相关手续。此外，物业公司也要明确认定工伤的法定标准，以避免有的员工非因工受伤而要求认定为工伤。

图书在版编目（CIP）数据

物业公司合规管理与风险防控全书 / 张思星主编
.—北京：中国法制出版社，2022.11
（企业高级法律顾问实务操作系列）
ISBN 978-7-5216-3062-6

Ⅰ.①物… Ⅱ.①张… Ⅲ.①物业管理-法规-案例
—中国 Ⅳ.① D922.181.5

中国版本图书馆 CIP 数据核字（2022）第 200989 号

责任编辑　秦智贤　　　　　　　　　　　封面设计　杨泽江

物业公司合规管理与风险防控全书
WUYE GONGSI HEGUI GUANLI YU FENGXIAN FANGKONG QUANSHU
主编 / 张思星
经销 / 新华书店
印刷 / 三河市国英印务有限公司
开本 / 710 毫米 × 1000 毫米　16 开　　　　印张 / 14　字数 / 219 千
版次 / 2022 年 11 月第 1 版　　　　　　　2022 年 11 月第 1 次印刷

中国法制出版社出版
书号 ISBN 978-7-5216-3062-6　　　　　　　　　定价：50.00 元

北京市西城区西便门西里甲 16 号西便门办公区
邮政编码：100053　　　　　　　　　　　传真：010-63141600
网址：http://www.zgfzs.com　　　　　编辑部电话：010-63141798
市场营销部电话：010-63141612　　　　印务部电话：010-63141606

（如有印装质量问题，请与本社印务部联系。）